종중 및 관계자들을 위한

종중 총회 그리고
종중 명의신탁
민사·형사 사례 정리

저자 **권 형 필** 변호사

◇ 종중과 종원의 의미
◇ 종중 총회 소집권자
◇ 종중 총회 의결정족수, 의결 방법
◇ 종중 총회 출석 종원의 의미 등
◇ 그 외 종중 총회 관련 법리
◇ 종중 명의신탁 관련 민사 사례
◇ 종중 명의신탁 관련 형사 책임

지혜와지식

종중 및 종원의 의미

종중의 성립 요건 / 종중이 공동선조의 후손들 일부만이 거주하는 지역의 명칭을 사용한 경우, 그 공동시조를 중시조로 하는 종중으로 볼 수 있는지 여부(한정 적극) / 대법원 1998. 7. 10. 선고 96다488 판결 [소유권이전등기말소]

종원의 자격을 제한하거나 확장한 종중규약의 효력(무효) 및 본래 종원이 될 수 없는 자가 위 규약에 의해 종원으로서 참석하여 의결권을 행사한 종중총회 결의의 효력(무효) / 대법원 1997. 11. 14 선고 96다25715 판결 [보존등기말소등]

종중의 성립에 있어 공동선조와 후손 사이의 대수에 제한이 있는지 여부/ 소종중이나 지파종중의 실체를 판단하는 기준과 그 명칭 / 대법원 94다17772 판결 [소유권이전등기]

종중에서 정관이 반드시 존재하여야 하는지 여부/ 종중의 연고항존자의 동의 아래 다른 종중원이 종회를 소집한 경우, 종회 소집의 효력(유효) /소집절차에 하자가 있는 종중총회의 결의를 사후 적법한 종중총회에서 추인한 경우, 그 결의의 효력(유효) / 대법원 1996. 6. 14 선고 96다2729 판결 [토지소유권이전등기말소등기등]

종중의 성립요건/ 종중의 당사자능력에 대한 법원의 석명의무 존부/ 종중대표자의 선임 방법 / 대법원 1996. 3. 12 선고 94다56999 판결 [소유권이전등기]

종중이 종원의 자격을 박탈하는 이른바 할종이란 징계처분의 효력(=무효) / 대법원 1983. 2. 8 선고 80다1194 판결 [소유권이전등기말소]

한 개의 종중이 내분으로 인하여 사실상 2개로 분파된 상태에서 별도의 종중총회가 개최되어 종중 대표자로 선임된 자를 종중의 대표자로 볼 수 있는지 여부(소극) / 대법원 1998. 2. 27 선고 97도1993 판결 [무고·사기]

같은 혈족이지만 공동선조를 달리하던 별개의 소종중이 통합한 경우, 통합종중의 법적 성격 및 이때 통합 전 소종중의 객관적 실체가 소멸하는지 여부(소극) / 대법원 2008. 10. 9 선고 2008다41567 판결 [부당이득금]

종중 총회 일반

종중총회 부존재 확인을 구할 수 있는 정도 [서울중앙지방법원 2019. 1. 17. 선고 2018가합516447 판결 [A종친회총재선임결의부존재확인]

정당한 종중총회 산회 후 비대표자가 진행한 총회는 부적법 / 대법원 1979. 4. 24 선고 77다1173 판결 [소유권보존등기말소]

종중의 과반수 이사가 총회 소집요구를 하고 후에 회장과 사망 이사를 제외한 이사 전원이 모인 이사회에서 총회 소집에 관한 결의를 한 경우 위 소집요구가 총회 결의의 무효 내지 부존재 사유로 될 총회 소집절차의 중대한 하자에 해당하는지 여부(소극) / 대법원 1992. 12. 8 선고 91다23981 판결 [총회결의부존재확인]

여성의 종중원 자격과 종중총회에서의 의결권을 제한하는 내용으로 종중규약을 개정하고, 종중 소유 부동산에 관한 수용보상금을 남성 종중원들에게만 대여하기로 한 종중 임시총회 결의를 무효라고 판단한 사례/ 대법원 2007. 9. 6 선고 2007다34982 판결 [종중임시총회결의무효확인등]

종중재산의 분배에 관한 종중총회의 결의 내용이 현저하게 불공정하거나 선량한 풍속 기타 사회질서에 반하여 사회적 타당성을 결한 경우, 결의의 효력 (무효) / 대법원 2018. 1. 25 선고 2017다274666 판결 [부당이득금반환]

종중 재산의 분배에 관한 종중총회의 결의가 무효인 경우 및 그 결의 내용이 현저하게 불공정한 것인지 여부의 판단 기준/ 종중 토지 매각 대금의 분배에 관한 종중 총회 의 결의가 무효인 경우, 새로운 종중 총회의 결의없이 종원이 곧바로 종중을 상대로 분배금의 지급을 구할 수 있는지 여부 (소극) / 대법원 2010. 9. 9 선고 2007다42310 판결 [보상금]

종중총회 소집권자 등

종중총회의 소집권자에 관한 일반관습 /대법원 1983. 2. 8 선고 82다카834 판결 [소유권이전등기말소]

종원에 관한 족보가 발간된 경우 종중총회 소집통지 대상 종중원의 범위 확정방법/ 종중총회 소집권자인 연고 항존자의 확정방법 / 대법원 2009. 10. 29 선고 2009다45740 판결 [소유권이전등기]

종중의 대표자의 선임과 종중총회의 소집에 관한 일반관습/종중으로부터 문중재정서류 정리 등을 위임받은 준비위원의 임시 종중총회의 소집권한 유무(소극) 및 위 준비위원의 회합에서 선출된 대표자가 적합한 대표자인지 여부(소극) / 대법원 1990. 4. 10 선고 89다카6102 판결 [토지소유권이전등기]

종회의 적법한 소집권자가 종중원들의 정당한 소집요구에 불응하는 경우 차석의 임원 또는 발기인(종회의 소집을 요구한 발의자들)이 소집권자를 대신하여 종회를 소집할 수 있는지 여부(적극) / 대법원 1993. 3. 12 선고 92다51372 판결 [토지소유권이전등기]

정당한 소집권자에 의하여 소집되지 아니한 종중총회에서 한 결의의 효력 유무(소극) / 대법원 1990. 11. 13 선고 90다카28542 판결 [소유권이전등기]

종중규약에 따르지 않고 적법한 소집권자에 의하여 소집되지 아니한 종중총회에서의 대표자선임결의의 효력 유무(소극) / 종중의 규약이나 관례가 없는 경우 종중총회의 소집통지방법 및 일부 종중원에게 통지를 하지 아니한 채 개최된 종중총회결의의 효력 유무(소극) / 대법원 1992. 11. 27 선고 92다34124 판결 [소유권이전등기]

종중 대표자의 선임 방법 및 종중회의 소집권자가 정당한 이유 없이 소집을 거부하는 경우 종중회의를 소집할 수 있는 자 / 대법원 2010. 12. 9 선고 2009다26596 판결 [사해행위취소등]

종중의 대표 자격이 있는 연고항존자의 동의하에 다른 종중원이 종회를 소집한 경우, 종회 소집의 효력(=유효) / 대법원 2012. 3. 15 선고 2011다77054

판결 [소유권이전등기]

　　문중의 대표자의 선임에 관한 일반관습/ 종장이나 문장의 동의를 얻어 소집권한 없는 종중원이 소집한 종회소집절차의 적부/ 종중총회의 소집통지방법 대법원 1987. 6. 23 선고 86다카2654 판결 [소유권보존등기말소등]

　　종원들이 비상대책위원회를 구성하여 종중의 임시총회 소집권자들에게 임시총회의 소집을 요구하였으나 이에 불응하자 직접 소집통지를 하여 임시총회를 개최 가능성(유효) / 대법원 2011. 2. 10 선고 2010다83199,83205 판결

　　종중의 회장을 선출하는 기관인 대의원총회의 소집권자에 관하여 종중규약에 별도의 규정을 두고 있지 않고, 종중 회장이나 부회장 모두가 공석이거나 그 자격에 다툼이 있어 확정이 곤란한 경우, 대의원총회의 구성원이 아닌 연고항존자에게 대의원총회의 소집권이 있는지 여부(소극) / 광주고등법원 2000. 2. 11 선고 98나8560 판결

　　이미 사임한 종중 회장이 신임 회장의 선출 등을 위한 총회를 소집하여 이를 제안할 수 있는지 여부(소극) / 대법원 2006. 10. 27 선고 2006다23695 판결 [종회장자격상실확인]

　　종중 정관 규정에 따른 소수 대의원이 법원의 허가를 받아 임시총회를 소집한 경우 종중의 기관으로서 소집하는 것으로 보아야 할 것이고 종중의 대표자라도 위 소수의 대의원이 법원의 허가를 받아 소집한 임시총회의 기일과 같은 기일에 다른 임시총회를 소집할 권한은 없게 된다고 보아야 한다(대법원 1993. 10. 12 선고 92다50799 판결 [임시총회결의부존재확인])

출석 종원의 의미, 총회 장소 등

직선제에 의한 종중의 대표자 선임시 의결정족수의 기준이 되는 출석종원의 의미(의결 당시 참석자 기준) / 대법원 2001. 7. 27 선고 2000다56037 판결 [회장선임결의무효확인]

종중 총회의 소집에 있어서 회의의 목적사항 기재의 정도/ 법원의 소집허가에 의하여 개최된 종중 임시총회에서 결의할 수 있는 사항의 범위 / 대법원 1993. 10. 12 선고 92다50799 판결 [임시총회결의부존재확인]

종중 규약에 총회 장소와 관련하여 별도의 규정이 없는 경우 시제 장소를 정기총회 장소라고 인정하여 총회 소집권자의 정기총회 소집통지가 필요하지 않다고 한 사례 / 대법원 1998. 11. 27 선고 97다4104 판결 [종중대표자확인]

일부 종중원들이 정기총회의 연기를 선언한 종회장의 결정에 반대하여 사전에 정기총회 장소로 지정된 적이 없는 곳에서 별도로 개최한 정기총회 는 적법한 장소가 아닌 곳에서 개최된 것으로 위법하다고 한 사례 / 대법원 2001. 10. 12 선고 2001다24082 판결 [예금채권대표자명의변경등]

종중 규약에 대표자의 해임사유가 정해져 있지 아니한 경우, 정기총회에서 이루어진 임기 중의 대표자에 대한 해임결의가 실질적으로 회칙의 개정에 해당하여 적법하다고 본 사례/대법원 1998. 10. 23 선고 97다4425 판결 [가처분이의]

종중 총회 의결정족수, 의결방법 등

종중 규정이나 관례가 없는 경우, 종중총회 결의의 정족수 / 대법원 1994. 11. 22 선고 93다40089 판결 [종중총회결의부존재확인]

종중대표자의 선임방법 및 출석종원으로 개의하여 출석인원 과반수의 찬성에 의하여 종중결의를 하도록 규정한 종중규약의 효력(=유효) / 종중총회의 결의방법에 있어 위임장 제출방식에 의한 결의권 행사가 허용되는지 여부(적극) / 대법원 1993. 1. 26 선고 91다44902 판결 [토지소유권보존등기말소]

종중규약이나 관례가 없는 경우, 대표자 선임이나 규약 채택을 위한 종중회의의 결의방법 / 대법원 94다17772 판결 [소유권이전등기]

종중총회의 결의방법에 있어 위임장 제출방식에 의한 결의권 행사가 허용되는지 여부(적극) / 대법원 2000. 2. 25 선고 99다20155 판결 [소유권이전등기말소등]

종중 명의신탁 민사사례

[종중 재산 처분에 관한 입증] 종중의 재산을 받기 위한 기본요건 및 종중 재산의 처분이 종중규약에 따라 이루어졌다거나 종중총회의 결의가 있었다는 점에 대한 입증의 방법 / 대법원 1994. 1. 14 선고 92다28716 판결 [소유권보존등기말소등])

[명의신탁 요건]종중과 종원등 등기명의인 사이에 토지에 관한 명의신탁을 인정할 수 있는 요건 / 대법원 2000. 7. 6 선고 99다11397 판결 [토지소유권이전등기]

[소유권보존등기의 추정력] 종중과 종중원 등 등기명의인 사이에 토지에 관한 명의신탁이 인정되는 경우 및 명의신탁의 인정 여부를 판단하는 방법/ 소유권보존등기 명의인 이외의 자가 당해 토지를 사정받은 것으로 밝혀지고 명의인이 구체적인 승계취득 사실을 주장·증명하지 못하는 경우, 등기가 원인 무효인지 여부(적극) / 대법원 2018. 2. 13 선고 2015다209163 판결 [소유권보존등기말소등]

[위토. 종산인 경우 판단] 종중의 종원에 대한 명의신탁 여부의 판단 기준/ 임야에 종중의 분묘가 있거나 위토 또는 종산이라는 사실만으로 종중의 소유로 볼 수 있는지 여부(소극)/대법원 1997. 10. 10 선고 96다15923 판결 [소유권이전등기등]

[명의신탁에서 주장·입증책임] 어느 재산이 종중재산임을 주장하는 자가 주장·입증하여야 할 내용, 방법 및 그 정도/ 대법원 1998. 7. 10. 선고 96다

488 판결 [소유권이전등기말소]

[토지조사부의 추정력] 토지조사부나 임야조사부의 소유자란 등재의 추정력/ 사정명의인이 타인의 명의신탁 주장에 대하여 사정 이전의 취득 경위에 대하여 주장하였으나 입증하지 못한 경우, 당연히 명의신탁 사실을 인정하여야 하는지 여부(소극) / 대법원 1998. 9. 8., 선고, 98다13686 판결

[등기의 추정력] 어느 재산이 종중 재산임을 주장하는 자가 주장·입증하여야 할 내용, 방법 및 그 정도/ 등기의 추정력과 관계없이 명의신탁자가 명의수탁자에 대하여 명의신탁에 의한 등기임을 주장할 수 있는지 여부(적극) / 대법원 2007. 2. 22 선고 2006다68506 판결 [소유권이전등기]

종중 규약이 없고 대표자 외에는 별다른 임원도 없으며 시제도 수년간 열리지 않던 상태에서 종중 대표자가 종원들 명의로 사정받은 종중 부동산에 관해 종중의 결의없이 사정명의인의 자손 중에서 각 1인을 선정하여 소유권보존등기를 한 경우, 명의신탁 관계를 설정한 것으로 볼 것인지 여부(적극) / 대법원 1997. 12. 9 선고 96다30656 판결 [소유권이전등기]

종중 재산임을 주장하는 자가 입증하여야 할 내용, 방법 및 그 정도/ 종중이 그 소유 임야를 종중원에게 명의신탁한 것이라는 주장을 배척한 원심판결을 채증법칙 위반 등의 이유로 파기한 사례/대법원 1995. 7. 11 선고 94다48820 판결 [소유권이전등기]

어느 재산이 종중 재산임을 주장하는 자가 주장·입증하여야 할 내용, 방법 및 그 정도/ 등기의 추정력과 관계없이 명의신탁자가 명의수탁자에 대하여

명의신탁에 의한 등기임을 주장할 수 있는지 여부(적극) / 대법원 2007. 2. 22 선고 2006다68506 판결 [소유권이전등기]

개인소유인지 종중 소유의 명의신탁 인지의 석명의무 있는 사례 / 대법원 1977. 6. 28 선고 76다1580 판결 [소유권이전등기말소등]

[명의신탁과 점유취득시효] 명의신탁된 부동산에 대한 점유취득시효 완성 후 그 소유권이전등기가 경료되기 전에 명의신탁이 해지되어 등기명의가 명의신탁 자에게 이전된 경우, 그에 대하여 시효취득을 주장할 수 있는지 여부(소극)/ 종중 이 개인에게 명의신탁하여 그 명의로 사정받은 부동산에 관하여 제3자의 취득시효가 완성된 후 명의신탁자인 종중명의로 소유권보존등기가 경료된 경우, 제3자가 종중에 대해 시효취득을 주장할 수 있는지 여부(소극) / 대법원 2001. 10. 26 선고 2000다8861 판결 [토지소유권이전등기등]

[부동산 소유권·토지대장·건축물대장] 부동산소유권을 명의신탁하여 토지대장이나 건축물관리대장에 소유자로 등재되었으나 수탁자 명의로 소유권이전등기가 경료되지 않은 상태에서 명의신탁 이 해지된 경우, 신탁자가 수탁자에 대하여 명의신탁된 부동산의 소유권이전등기를 구할 수 있는지 여부(소극) / 대법원 1999. 6. 25 선고 97다52882 판결 [소유권확인]

[명의신탁해지로 인한 소유권이전등기청구권 상대방의 조건] 종중이 그 소유였던 임야나 토지를 종중원에게 명의를 신탁하여 사정받은 경우 명의신탁 해지만으로 소유권을 취득하는지 여부(소극) / 대법원 1991. 1. 25 선고 90다10858 판결 [소유권확인]

[명의신탁과 제3자이의의소] 명의신탁자인 종중이 명의신탁 된 부동산에 관하여 제3자이의의 소의 원인이 되는 권리를 가지고 있는지 여부(소극)/ 대법원 2007. 5. 10 선고 2007다7409 판결 [제3자이의]

종중 명의신탁 형사 사례

[횡령의 고의] 종중 소유로서 피고인 등에게 명의신탁된 부동산 중 피고인 명의의 지분에 관하여 종중을 구성하는 3개파 소문중들 사이의 재산분배합의에 따라 피고인이 그 소속된 소문 중 명의로 소유지분권이전등기를 경료한 경우라면 피고인에게 횡령의 범의가 있다고 보기 어렵다 하여 이와 달리 유죄로 인정한 원심판결을 심리미진의 위법으로 파기한 사례 / 대법원 1991. 4. 9 선고 90도2837 판결 [횡령]

[종중의 실체 자체가 불분명할 경우 횡령죄 성부] 종중 또는 문중의 비법인사단으로서의 단체성 인정요건/ 종중의 실재가 불명확한 경우 종중소유임야에 관한 횡령죄의 성부(소극) / 대법원 1983. 4. 12 선고 83도195 판결 [횡령]

[종중 명의신탁 횡령사건에서 공동선조 확정의 필요성] 피해자가 종중인 경우 횡령죄 성립의 전제요건/ 종중이 횡령죄의 피해자로 특정되기 위하여는 그 공동선조를 반드시 확정하여야 하는지 여부 / 대법원 1994. 9. 23 선고 93도919 판결 [특정경제범죄가중처벌등에관한법률위반(횡령)]

[하나의 부동산에 대하여 횡령죄 성립 이후 재차 횡령죄 성립가능성] 타인의 부동산을 보관 중인 자가 그 부동산에 근저당권설정등기를 마침으로써 횡령행위가 기수에 이른 후 같은 부동산에 별개의 근저당권을 설정하거나 해당 부동산을 매각한 행위가 별도로 횡령죄를 구성하는지 여부(원칙적 적극) / 대법원 2013. 2. 21 선고 2010도10500 전원합의체 판결 [횡령]

[명의신탁된 토지에 대한 배임죄 성립 가능성] 종중 소유이나 종원 5명의

공유로 명의신탁된 토지를 매도하는 계약의 이행 등 종중 사무를 총괄하는 피고인이 종중의 '유효한 결의'를 받지 못하였음에도 그 임무에 위배하여 등기이전을 거부하는 공유자들에게 매매대금 중 일부를 지급하여 재산상 이익을 취득하게 하고 종중에 동액 상당의 재산상 손해를 가한 경우 배임죄 성부 / 대법원 2010. 9. 9 선고 2010도7380 판결 [특정경제범죄가중처벌등에관한법률위반(배임) 등]

CONTENTS

종중 및 종원의 의미 ······································· 18

종중 총회 일반 ·· 43

종중총회 소집권자 등 ···································· 68

출석 종원의 의미, 총회 장소 등 ······················ 108

종중 총회 의결정족수, 의결방법 등 ·················· 133

종중 명의신탁 민사사례 ································· 144

종중 명의신탁 형사 사례 ································ 189

종중 및 관계자들을 위한

종중 총회 그리고
종중 명의신탁
민사·형사 사례 정리

종중 및 종원의 의미

종중의 성립 요건 / 종중이 공동선조의 후손들 일부만이 거주하는 지역의 명칭을 사용한 경우, 그 공동시조를 중시조로 하는 종중으로 볼 수 있는지 여부(한정 적극) 대법원 1998. 7. 10. 선고 96다488 판결 [소유권이전등기말소]

판례해설

대상판결은 종중이 다른 비법인사단과 다른 점 <u>즉 대표자의 정함이나 특정한 명칭 및 서면화된 종중 규약이 존재하지 않더라도 자연발생적 집단으로서 인정된다고 판시</u>하고 있다.

특히 종중 사건 대부분을 차지하고 있는 유사 종중의 의미에 대하여 종중이 공동선조의 후손들 일부만이 거주하고 있는 지역의 명칭을 사용하였다 하더라도, 그 곳에 거주하는 후손들로만 구성된 것이 아니라 그 공동선조의 분묘를 수호하고 그 시제를 봉행하기 위하여 그 후손들 전부를 구성원으로 형성되었다면 동일한 종중임을 인정할 수 있다고 판시하였다.

법원판단

1. 제1점(○○○씨 ○○○종친회)에 대하여

종중이라 함은 원래 공동선조의 후손 중 성년 이상의 남자를 종원으로 하여 구성되는 종족의 자연발생적 집단으로서 그 선조의 사망과 동시에 그 자손에 의하여 성립하는 것이고 그 성립을 위하여 특별한 조직행위를 필요로 하는 것이 아니며, 다만 그 목적인 공동선조의 분묘수호, 제사봉행, 종원 상호간의 친목을 위한 활동을 규율하기 위하여 규약을 정하는 경우가 있고, 또 대외적인 행위를 할 때에는 대표자를 정할 필요가 있는 것에 지나지 아니하며, 반드시 특정한 명칭의 사용 및 서면화된 종중규약이 있어야 하거나 종중의 대표자가 계속하여 선임되어 있는 등 조직을 갖추어야 하는 것도 아니고(대법원 1992. 12. 11. 선고 92다18146 판결, 1995. 11. 14. 선고 95다16103 판결, 1997. 10. 10. 선고 95다44283 판결 각 참조), 계쟁 종중이 어떠한 종중인가는 그 명칭 여하에 불구하고 봉제사의 대상인 공동선조와 구성원인 후손의 범위 및 분묘 관리의 상황 등 그 실체적 내용에 의하여 판단되어야 하며(대법원 1995. 6. 9. 선고 94다42389 판결 참조), 원래 소종중이나 지파종중의 명칭은 중시조의 관직이나 시호 다음에 지파종중 등 시조의 관직이나 시호 등을 붙여 부르는 것이 일반적인 관행 내지 관습이지만, 종중은 공동선조의 봉제사와 분묘 관리 및 그 후손 상호간의 친목을 위하여 자연발생적으로 형성된 종족 집단인 점에 비추어, 종중이 공동선조의 후손들 일부만이 거주하고 있는 지역의 명칭을 사용하였다 하더라도, 그 곳에 거주하는 후손들로만 구성된 것이 아니라 그 공동선조의 분묘를 수호하고 그 시제를 봉행하기 위하여 그 후손들 전부를 구성원으로 형성된 이상, 종중이 그 지역에 거주하는 후손들만의 소종중으로서 그 공동시조를 중시조로 하는 종중이 아니라고 할 수 없다(대법원 1996. 2. 23. 선고 95다1316 판결 참조).

기록에 의하면, 원심이 그 채택 증거에 의하여 소외 ○○○씨 ○○○ 종친회의 실체를 살펴 위 종친회는 ○○○씨 21세손 소외 1의 후손 중 성년 남자를 구성원으로 하여 위 소외 1의 분묘수호와 봉제사 및 후손 상호간의 친목도모를 목적으로 성립되어 이 사건 각 토지에 대한 임야 사정(임야사정)이 이루어지기 이전부터 계속 실재하여 오고 있었다는 취지로 판시한 것은 정당하고, 이 사건 각 토지의 사정시나 등기시의 위 종친회의 대표자가 누구였는지가 밝혀져 있지 않으며 위 종친회의 명칭이 다소 바뀌기도 하고 그 명칭에 지역의 명칭을 사용하였다고 하여 위 종친회의 위와 같은 실체가 부정되는 것이 아니며, 상고이유에서 주장하는 바와 같이 종중의 규약이 성문화되거나 대표자를 적법하게 선출한 때에 비로소 그 실체가 형성될 수 있다고 볼 수는 없으므로, 원심판결에 종중의 성립에 관한 법리오해, 채증법칙 위배, 심리미진, 이유불비의 위법이 있다고 할 수 없다. 이에 관한 상고이유의 주장은 이유 없다.

종원의 자격을 제한하거나 확장한 종중규약의 효력(무효) 및 본래 종원이 될 수 없는 자가 위 규약에 의해 종원으로서 참석하여 의결권을 행사한 종중총회 결의의 효력(무효) 대법원 1997. 11. 14 선고 96다25715 판결 [보존등기말소등]

> **판례해설**
>
> 종중은 태생적으로 자연발생적 집단이기 때문에 종원의 자격을 제한할 수 없고 특히 규약으로 종원의 지위를 새로 설정할 수 없다. 만약 규약을 통해서 종원의 지위를 형성하고 그에 의하여 취득한 종원이 참여하여 의결한 총회는 자격없는 자에 의한 의결로서 무효에 해당한다고 할 것이다.

법원판단

1. 제1점에 대하여 **종중은 공동선조의 후손 중 성년 이상의 남자를 종원으로 하여 구성되는 종족의 자연발생적 집단이므로, 그 성립을 위하여 특별한 조직행위를 필요로 하는 것이 아니고, 다만 그 목적인 공동선조의 분묘 수호, 제사 봉행, 종원 상호간의 친목을 규율하기 위하여 규약을 정하는 경우가 있고, 또 대외적인 행위를 할 때에는 대표자를 정할 필요가 있는 것에 지나지 아니하며, 반드시 특별한 명칭의 사용 및 서면화된 종중규약이 있어야 하거나 종중의 대표자가 선임되어 있는 등 조직을 갖추어야 성립하는 것은 아니라고 할 것이고**(대법원 1995. 11. 14. 선고 95다16103 판결, 1996. 3. 12. 선고 94다56999 판결 등 참조), 종중 대표자의 선임에 있어서 그 종중에 규약이나 일반 관례가 있으면 그에 따라 선임하고 그것이 없다면 종장 또는 문장이 그 종원 중 성년 이상의 남자를 소집하여 출석자의 과반수 결의로 선출하며, 평소에 종중에 종장이나 문장이 선임되어 있지 아니하고 선임에 관한 규약이나 일반 관례가 없으면 현존하는 연고항존자가 종장이나 문장

이 되어 국내에 거주하고 소재가 분명한 종원에게 통지하여 종중총회를 소집하고 그 회의에서 종중 대표자를 선임하는 것이 일반 관습이라 할 것이다(대법원 1992. 12. 11. 선고 92다18146 판결, 1993. 3. 9. 선고 92다42439 판결 등 참조). 한편, **종중이 성립된 후에 정관 등 종중규약을 작성하면서 일부 종원의 자격을 임의로 제한하거나 확장한 종중규약은 종중의 본질에 반하여 무효라 할 것**이므로(대법원 1992. 9. 22. 선고 92다15048 판결, 1995. 9. 15. 선고 94다49007 판결, 1996. 2. 13. 선고 95다34842 판결 등 참조), 이러한 **본래 종원이 될 수 없는 자가 종중총회에 참석하여 의결권을 행사하여 종중 대표자를 선임하였다면, 그 선임 결의는 종중총회 결의로서의 효력이 없어 그 선임된 대표자는 적법한 종중 대표자로 볼 수 없다**고 할 것이다.

기록에 의하면, 원고는 의령남씨 시조인 영의공의 19세손이며 충장공의 6세손인 철산공(이름은 희, 熙)을 공동시조로 한 의령남씨 충장공파 종중의 지파 소종중으로서 공동선조의 분묘 수호와 봉제사, 후손 상호간의 친목 도모 등을 목적으로 하여 자연발생적으로 형성된 종족단체인 사실, 원고는 1976. 1. 30.에 이르러 그 명칭을 '의령남씨 철산공파 소종회'로 정하고 그 회칙을 제정하였는데{갑 제9호증(회칙)은 1981. 1.자로 작성된 것인데 위 1976. 1. 30.자로 제정된 회칙과 동일한 것으로 보인다.}, 그 회칙상 종회의 회원은 정회원과 준회원을 두되 정회원은 철산공의 자손들로 하고 준회원은 정회원의 척분관계인(戚分關係人)으로 하며, 정회원과 준회원 모두 그 회원의 의사표시에 의하여 소종회의 회원이 되며 의결권의 행사는 정회원과 준회원 사이에 아무런 제한을 두지 아니하였고, 이에 따라 종회총회에서 준회원도 정회원과 같이 의결권을 행사하여 소외 망 남×호를 회장으로 선출한 사실, 원고는 위 회칙 제정 이래 1990. 11. 25. 소외 남ㅅ우의 집에서 종회총회를 개최하여 위 회칙을 일부 개정하고 제1심 공동피고 남▼우를 회장으로 선출하였는데 이 때에도 철산공의 자손인 성인 남자들뿐만이 아니라 준회원인 그 부인들도 의결권을 행사한 사실, 또한 1992. 8. 30. 소외 남@렬의 집에서 종회총회를 개최하였는데 그 소집에 있어 당시 회장인 위 남▼우가 아니라 소외 남@렬이 소집 통지를 하였으며 개최된 총회에서 그 회칙(규약)을 일부 개정하고 소외 남▲정을 원고의 회장으로 선출하였는데 위 1990. 11. 25. 총회 때와 마찬가지로 성인 남자들 외에도 준회원인 부인들도 의결권을 행사하고 종원의 부인을 임원으로 선출한 사실, 한편, 원고는 1990. 11. 25. 종회총회에서 그 명칭을 의령남씨 철산공파 종회로 변경하였고, 위 1992. 8. 30. 종회총회에서는 위 규약(회칙의 명칭을 규약으로 변경함) 중 회원에 관한 규정을 철산공의 자손은 자동으로 그 회원이 된다는 등으로 일부 개정한 사실, 그런데 이 사건 소 제기 후 피고들이 원고의 실체 및 대표자인 위 남▲정의 대표권을 다투자 평소 원고 종회에 종장이나 문장이 선임되어 있지 아니하고, 그 선임에 관한 규약이나 일반 관례가 없었으므로 원고의 연고항존자인 소외 남◆면이 의령남씨 철산공의 후손 중 당시 연락 가능한 성년 이상의 남자 34인에게 1993. 9. 19.자 임시총회 소집을 통보하였고 그 중 26인이 참석(대리권을 위임한 사람도 포함)한 임시총회에서 위 1992. 8. 30.자 종회총회의 규약 개정 등 결의 내용 및 대표자 선임을 참석자 전원 만장일치로 추인하고 다시 그 규약 중 회원에 관한 사항을 철산공의 자손으로서 만 20세 이상의 남성으로 한다라고 개정한 사실을 각 인정할 수 있는바, 사실관계가 위와 같다면, 원고는 비록 일시적으로 그 구성이나 종회의 운영에 있어 본래의 종중의 본질과는 달리 종원의 부인들을 준회원으로 가입시키고 그들에게도 의결권을 부여하고 또 종회 임원으로까지 선출하였다 하더라도 그것만으로 원고가 고유의 의미의 종중이 아니라 단순한 친목단체에 불과하다고 할 수는 없으나, 위에서 본 바와 같이 위 1976. 1. 30.자로 제정된 종회규약과 위 남×호나 남▼우를 원고의 대표자로 선임한 결의도 본래 종원이 아닌 자가 의결권을 행사하여 원고의 종회총회 결의로서 효력이 없는 것이라면 1993. 9. 19. 당시에는 원고에게는 규약은 물론이고 적법한 대표자도 없는 상태에 있었던 것이고, 따라서 평소 원고 종회에 종장이나 문장이 선임되어 있지 아니하고, 그 선임에 관한 규약이나 일반 관례가 없었으므로 일반 관습에 따라 당시 원고의 종회총회 소집권자는 연고항존자인 위 남◆면이라 할 것이고, 그리하여 위 남◆면이 소집한 종회 임시총회에서 위 1992. 8. 30.자 종회총회의 규약 개정 등 결의 내용 및 대표자 선임을 추인하였다면 위 남▲정은 원고의 적법한 대표자로 선임된 것으로 보아야 할 것이다.

따라서, 원심이 같은 취지에서 위 남▲정을 원고의 적법한 대표자로 볼 수 없다는 취지의 피고의 본안전 주장을 배척한 것은 옳다고 여겨지고, 거기에 종중 대표권 및 총회 소집권자에 관한 법리오해의 위법이나 심리미진의 위법이 있다고 할 수 없으므로 이 점을 지적하는 상고이유 주장은 이유 없다.

종중의 성립에 있어 공동선조와 후손 사이의 대수에 제한이 있는지 여부/ 소종중이나 지파종중의 실체를 판단하는 기준과 그 명칭 / 대법원 94다17772 판결 [소유권이전등기]

법원판단

종중이란 공동선조의 후손들에 의하여 선조의 분묘수호와 봉제사 및 후손 상호간의 친목도모를 목적으로 형성되는 자연발생적인 친족단체로서 그 선조의 사망과 동시에 그 자손에 의하여 성립되는 것으로서, 그 대수에 제한이 없고(당원 1992.7.24. 선고 91다42081 판결; 1992.10.27.선고 92다30375 판결 등 참조), 또한 소종중이나 지파종중의 명칭은 중시조의 관직이나 시호 다음에 그 소종중 또는 지파종중의 시조의 관직이나 시호등을 붙여 부르는 것이 일반적인 관행 또는 관습이지만, 종중은 공동시조의 봉제사와 분묘관리 및 그 후손 상호간의 친목을 위하여 자연발생적으로 형성된 종족집단인 점에 비추어 그 종중이 어떠한 종중인가는 그 명칭 여하에 불구하고 봉제사의 대상인 공동시조와 구성원인 후손의 범위 및 분묘관리의 상황 등 그 실체적 내용에 의하여 판단되어야 하는 것이다(당원 1992.5.26.선고 91다42609 판결; 1992.12.11.선고 92다30153 판결 등 참조).

종중에서 정관이 반드시 존재하여야 하는지 여부/ 종중의 연고항존자의 동의 아래 다른 종중원이 종회를 소집한 경우, 종회 소집의 효력(유효) /소집절차에 하자가 있는 종중총회의 결의를 사후 적법한 종중총회에서 추인한 경우, 그 결의의 효력(유효) / 대법원 1996. 6. 14 선고 96다2729 판결 [토지소유권이전등기말소등기등]

> **판례해설**
>
> 우리나라 민사상 비법인사단 대부분은 조직행위가 있어야 하고 가장 중요한 것 중 하나는 관리규약이나 정관 등 조직을 규율하는 일종의 법을 요구하고 이와 같은 정관등이 없는 경우 비법인사단의 단체성을 인정하지 않고 있다
>
> 다만 집합건물법상 관리단이나 대상판결에서 언급하는 종중의 경우 규약이나 정관이 없다고 하더라도 관리단은 집합건물법에 의하여, 종중은 관례에 의하여 당연설립된다고 보고 있다

법원판단

1. 원고 종중의 당사자능력의 점

종중이란 공동선조의 후손들에 의하여 그 선조의 분묘 수호 및 봉제사와 후손 상호간의 친목을 목적으로 형성되는 자연발생적인 종족단체이므로 특별한 조직행위를 필요로 하는 것이 아니고, 다만 그 목

적인 공동선조의 분묘 수호, 제사 봉행, 종원 상호간의 친목을 규율하기 위하여 규약을 정하는 경우가 있고 또 대외적인 행위를 할 때에는 대표자를 정할 필요가 있는 것에 지나지 아니하여 반드시 특별한 명칭의 사용 및 서면화된 종중규약이 있어야 하거나 종중의 대표자가 선임되어 있는 등 조직을 갖추어야 성립하는 것은 아니라 할 것이다(대법원 1996. 3. 12. 선고 94다56999 판결, 1995. 11. 14. 선고 95다16103 판결 등 참조).

원심판결 이유에 의하면, 원심은 그 거시 증거에 의하여 원고 종중은 김해김씨 축은공파의 시조인 김방△(호 축은[축은])의 17세 손인 소외 망 김현◇를 공동선조로 하는 소종중으로서 그의 분묘 수호, 제사, 후손의 상호친목 도모 등을 목적으로 하여 자연발생적으로 형성되었으며 위 김현◇의 시제날인 매년 음력 10. 11.에 시제참가자들이 모여 종중의 대소사를 논의하여 온 사실을 인정한 다음, 원고 종중은 종중으로서의 실체를 갖추어 존재한다고 판단하고 피고의 본안전항변을 배척하였는바, 관계 증거를 기록과 대조하여 검토하면 원심의 위와 같은 사실인정은 정당한 것으로 수긍이 가고, 위 인정사실만으로도 원고 종중의 실체는 인정되어야 할 것이므로 원고 종중은 비법인사단으로서 민사소송법 제48조에 의하여 당사자능력이 있다고 할 것이니 피고의 본안전항변을 배척한 조치 역시 정당하며, 원심에 소론과 같은 사실오인이나 종중의 당사자능력에 관한 법리오해의 위법이 있다고 할 수 없다.

논지는 이유 없다.

나. 소외 김준□의 원고 종중 대표자격의 점

종중 대표자는 종중규약이나 일반관례가 있으면 그에 따라 선임하고, 그것이 없다면 종장 또는 문장이 종족 중 성년 이상의 남자를 소집하여 출석자의 과반수 결의로 선출하며, 평소에 종장이나 문장이 선임되어 있지 아니하고 선임에 관한 규약이나 일반관례가 없으면 현존하는 종중원 중 연고항존자(연고항존자)가 종장이나 문장이 되어 국내에 거주하고 소재가 분명한 종중원에게 통지하여 종중총회를 소집하고 그 회의에서 종중 대표자를 선임하는 것이 우리나라의 일반관습이다(대법원 1996. 3. 12. 선고 94다56999 판결, 1995. 5. 23. 선고 95다5288 판결 등 참조).

한편 <u>종중의 대표 자격이 있는 연고항존자가 직접 종회를 소집하지 아니하였다 하더라도 그가 다른 종중원의 종회 소집에 동의하여 그 종중원으로 하여금 소집케 하였다면 그와 같은 종회 소집을 전혀 권한 없는 자의 소집이라고 볼 수는 없고</u>(대법원 1995. 5. 23. 선고 95다5288 판결, 1994. 5. 10. 선고 93다51454 판결 등 참조), 한편 소집절차에 하자가 있어 그 효력을 인정할 수 없는 종중총회의 결의라도 후에 적법하게 소집된 종중총회에서 이를 추인하면 이는 처음부터 유효로 된다(대법원 1995. 6. 16. 선고 94다53563 판결 참조).

원심판결 이유에 의하면, 원심은 그 거시 증거에 의하여 원고 종중은 이 사건 소 제기 전인 1991. 3. 22. 종중원 중 11명이 모여 종중규약을 만들고 소외 김준□를 대표자로 선임하였다가, 1993. 3. 14. 원고 종중의 대표자로 되어 있던 위 김준□가 종중총회를 소집하여(종중원인 피고에게는 통지하지 아니하였다) 위 1991. 3. 22.자 결의를 추인하였다가 1993. 4. 30.경 다시 위 김준□가 원고 종중의 문장인 소외 김반▽으로부터 위임을 받아 피고를 포함하여 연락가능한 종중원에게 종중총회 소집통지를 하여 같은 해 5. 5. 위 김반▽의 집에서 출석 종중원 과반수의 찬성으로 1991. 3. 22.자 결의를 추인하기로 하는 결의를 한 사실을 인정한 다음, 위 김준□는 일반관습에 따라 원고 종중의 문장인 위 김반▽의 위임에 따라 위 김준□가 적법하게 소집한 위 1993. 5. 5.자 임시총회에서의 추인결의에 의하여 원고 종중의 대표자로

적법하게 선임되었다고 판단하고 피고의 본안전항변을 배척하였는바, 관계 증거를 기록과 대조하여 검토하면 원심의 위와 같은 사실인정과 판단은 정당한 것으로 수긍이 가고 거기에 소론과 같은 사실오인이나 종중 대표자 선임에 관한 법리오해의 위법이 있다고 할 수 없다.

위 1993. 5. 5.자 원고 종중 총회에서 추인된 원고 종중규약(갑 제2호증)을 보면, 그 제13조에 총회는 재적원 과반수 출석으로 성원하며 참회 종원 과반수의 찬성으로 의결한다고 되어 있는 사실을 알 수 있으나, 성립에 다툼이 없는 갑 제12호증의 3(회의록)의 기재에 의하면 위 1993. 5. 5.자 종중총회에는 총 64명의 종중원 중 적법한 참석자로 볼 수 없는 전참자(전화 참석자라는 의미로 보인다) 11명을 제외하더라도 위임장을

제출한 자 29명과 실제 참석자 14명 등 43명이 그 표결에 참여하여 그 중 38명이 위 1991. 3. 22.자 종중총회 결의 추인에 찬성한 사실을 알 수 있으므로 위 종중규약상의 의사 및 의결 정족수를 갖춘 적법한 추인결의가 있었다 할 것이니, 원심이 이 점에 관하여 판단, 설시하지 아니하였다 하더라도 판결에는 영향을 미친 바 없다 할 것이고 거기에 소론과 같은 심리미진의 위법도 있다 할 수 없다.

종중의 성립요건/ 종중의 당사자능력에 대한 법원의 석명의무 존부/ 종중 대표자의 선임 방법 / 대법원 1996. 3. 12 선고 94다56999 판결 [소유권이전등기]

판례해설

종중 대표자가 선출되지 않았다고 하더라도 종중은 자연발생적으로 성립되는 단체이기 때문에 부적법하다고 볼 수 없고 특히 대표자가 없다고 하더라도 평소에 종장이나 문장이 선임되어 있지 아니하고 그 선임에 관한 종중규약이나 관례가 없으면 생존하는 종중원 중 항렬이 가장 높고 나이가 많은 연고항존자(연고항존자)가 종장 또는 문장이 되는 것이 우리 나라의 일반관습이라는 점을 명확히 하여 대표자의 지위에 관련한 법리를 확인한 사례이다.

법원판단

상고이유를 본다.

이 사건 기록에 의하여 살펴보면 피고는 원심 제9차 변론기일에서 진술한 1994. 9. 28.자 준비서면에서 원고가 제출한 갑 제6호증(종중규약)에는 마치 신정인 1990. 1. 1.에 총회를 소집하여 종중규약을 제정한 것인 양 기재되어 있으나, 신정에 제사를 지내는 관례가 없을 뿐 아니라 종중규약을 제정하기 위하여 따로 총회를 소집하지도 아니하였고, 갑 제7호증(임시총회의사록)에는 1991. 3. 30. 경기 안성군 일죽면 월정리 149에서 임시총회를 개최한 것으로 되어 있으나, 위 일시경 총회를 소집한 일이 없었으며, 위 갑 제6호증 및 갑제7호증의 기재 자체에 의하더라도 한 사람이 동시에 작성한 것으로 보이므로, 위 각 문서는 이 사건 소를 위하여 사후에 조작된 것임이 명백하다고 주장하였다.

그러나 원심은 피고의 위 진술 및 원고의 단순한 부인답변만을 듣고서 더 이상의 심리 없이 그 날로 변론을 종결한 다음 이 점에 관하여 아무런 판단을 한 바 없는 제1심판결의 이유를 원용하여 피고의 항소를 기각한 사실을 알 수 있다.

종중은 공동선조의 후손 중 성년 이상의 남자를 종원으로 하여 구성되는 종족의 자연발생적 집단이므로, 그 성립을 위하여 특별한 조직행위를 필요로 하는 것이 아니고, 다만 그 목적인 공동선조의 분묘수호,

제사봉행, 종원 상호간의 친목을 규율하기 위하여 규약을 정하는 경우가 있고, 또 대외적인 행위를 할 때는 대표자를 정할 필요가 있는 것에 지나지 아니하며, **반드시 특별한 명칭의 사용 및 서면화된 종중규약이 있어야 하거나 종중의 대표자가 선임되어 있는 등 조직을 갖추어야 성립하는 것은 아니라 할 것**이고(당원 1992. 12. 11. 선고 92다18146 판결, 1995. 11. 14. 선고 95다16103 판결 등 참조), 이러한 법리에 비추어 볼 때 이 사건 기록에 나타난 자료만으로도 원고 종중의 실체는 인정되어야 할 것이며, 한편 **종중에 당사자능력이 있는지의 여부가 법원의 직권조사사항이라 하더라도 상대방에서 그 당사자 능력을 부인하거나 이것이 부적법한 것이 아닌 한 법원이 적극적으로 이를 석명하거나 심리판단할 필요는 없는 것**으로서(당원 1989. 6. 27. 선고 87다카1915, 1916 판결 참조), 피고의 위 주장에 원고 종중의 실체 자체를 다투는 취지까지 포함되지는 아니한 것으로 보여지고, 기록상 달리 피고가 원고 종중의 실체 자체를 다툰 흔적이 없으므로, 원심이 원고 종중의 실체가 존재하는지의 여부에 관하여 따로 판단하지 아니하였다 하여 거기에 논지가 지적하는 위법사유가 있다고 할 수는 없다. 그러나 피고의 위 주장내용은 적법한 종중규약의 제정이나 대표자 선임에 관한 적법한 결의 없이 종원의 일부가 원고 종중의 명의로 이 사건 소를 제기하는 데 사용하기 위하여 문서를 위조하였다는 것이므로, 결국 종중 대표자의 자격을 다투는 취지라 할 것이고, 따라서 원심으로서는 본안에 앞서 피고의 이러한 항변의 당부를 판단하였어야 할 것임에도 이점에 관하여 아무런 판단을 하지 아니함으로써 당사자의 주장에 관한 판단을 유탈한 위법을 범한 것이라 아니할 수 없다.

한편 당원은 종중이 당사자인 사건에 있어 그 종중의 대표자에게 적법한 대표권이 있는지의 여부는 소송요건에 관한 것으로서 법원의 직권조사사항이고, 종중 대표자는 종중규약이나 특별한 관례가 있으면 그에 따라 선출하되 그것이 없으면 일반관습에 의하여 종장 또는 문장이 그 종중원 중 성년 이상의 남자를 소집하여 출석자의 과반수 결의로 선출하여야 하며, 평소에 종장이나 문장이 선임되어 있지 아니하고 그 선임에 관한 종중규약이나 관례가 없으면 생존하는 종중원 중 항렬이 가장 높고 나이가 많은 연고항존자(年高行尊者)가 종장 또는 문장이 되는 것이 우리 나라의 일반관습이라는 법리를 확고히 밝히고 있는 터로서(당원 1992. 12. 11. 선고 92다18146 판결, 1995. 5. 23. 선고 95다5288 판결 등 참조), 이 사건 기록에 나타난 자료에 의하면 피고가 바로 원고 종중의 연고항존자에 해당되므로, 관습상 총회의 소집권이 있는 피고가 종중규약의 제정이나 대표자의 선임에 관한 총회가 개최된 바 없다고 다투고 있는 이상 원심으로서는 마땅히 원고에 대하여 석명권을 행사한다든지 직권으로 증거조사를 하는 등의 방법으로 원고의 대표자에게 적법한 대표권이 있는지의 여부를 심리하여 보았어야 함에도 이에 이르지 아니한 것이므로, 원심판결은 이 점에서도 위법하다고 할 것이다.

종중이 종원의 자격을 박탈하는 이른바 할종이란 징계처분의 효력(=무효) / 대법원 1983. 2. 8 선고 80다1194 판결 [소유권이전등기말소]

판례해설

조합이나 그밖의 모든 단체는 회원의 자격에 대해서 규약등에 규정하고 있고 자격 상실 사유가 존재하거나 기타 재제적 상황이 발생한다면 회원자격 박탈이라는 의결을 거칠 수도 있다.

그러나 종중의 종원은 자연발생적이기 때문에 회원 자격박탈이라는 것 자체가 난센스이고 회원자격 박탈의 의결을 하였다면 이는 무효인 의결에 불과하다.

법원판단

원심은 그 거시 증거에 의하여 원고 종중은 광▼김씨 허주공을 공동선조로 하여 그 후손들로 구성된 종중으로서 성문의 종중규약을 가진 바 없이 관례적으로 그 정기 종원총회는 매년 음력 10.12에 충남 ○○군 ○○면 ○○리 소재 허주공 묘소에서 시행되는 시제에 즈음하여 그 제후공사로서 제각인 술선제에 스스로 모인 성년 이상의 종원들만으로 개최하고 일반의 의사진행방식에 따라 회의를 개최 진행하되 그곳에 출석한 종원 과반수의 찬성으로 임기의 정함이 없는 종중대표자인 도유사 1인과 그를 보좌할 부유사 2명등 임원을 선출하고 분묘의 수호관리 및 종중재산의 관리처분에 관한 사항등 종사를 결의하여 왔고, 임시 종원총회는 도유사가 필요하다고 인정하는 경우에 전년도 시제에 출석한 종원 및 위 시제에 출석한 종원의 명부인 도기등을 참작하여 그 과반수 이상의 출석으로 개최하고 출석종원 과반수 이상의 찬성으로 종사를 처리하여 왔으며, 원고 종중의 종원총회에서는 불출석한 종원의 위임장에 의한 대리의결권은 인정되지 아니한 사실, 원고 종중은 1969.음력 10. 12 시제시의 정기 종원총회에서 본 건 원고 대표자인 소외 김◇중을 도유사로 선임하고 1974.8.18.의 임시 긴급종원총회 및 1976.12.3.정기 종원총회에서 위 김◇중을 정당한 도유사로 중임 또는 재연임한 사실을 인정하고 있는바, 원심이 들고 있는 증거들을 기록과 대조하여 살펴보면 원심의 위 판단은 정당하고, **설사 원고 종중의 도유사가 임기의 정함이 없이 선출되었다 하더라도 그 대표자의 자격이 논란된 본건에 있어서 그 의문을 없애는 방법으로 그 후의 종중총회에서 동인을 도유사로 중임시킨다거나 정당한 도유사임을 확인하는 의미에서 재연임하는 결의를 하였다는 원심의 사실인정에 이유불비 내지 모순이 있다고 할 수 없으며, 출석하지 아니한 종원의 위임장에 의한 의결권행사를 인정하지 아니하는 원고 종중의 관례는 위 종원들이 불출석한 것으로 취급됨을 의미하는 것이 원심판시에서 명백히 간취되므로 이에 관한 심리를 다하지 아니하였다거나 이유를 갖추지 않았다**는 논지는 채용할 수 없다.

1의 상고이유 제3점, 기록에 의하면, 원고 종중은 종손인 소외 김@중이 본 건 임야(충남 ○○군 ○○면 ○○리 산18의 8 임야 25정 2단보)를 매각하도록 승인하여 달라는 제의를 받고 소집된 1974.6.16.의 임시 종원총회에서 위 제의를 부결보류하는 결의를 한 바 있었는데, 위 김@중이 위 결의를 무시하고 본건 임야를 피고에게 매각하고 동년 7.27 피고 명의로 그 소유권이전등기가 경료되자 1974. 8. 18. 도유사인 위 김♤중의 소집에 의해 개최된 임시 긴급종원총회(이 종원회에는 소외 김◆국도 참석하였다)에서 종원 59명이 참석하여 본건 임야의 환수를 위한 조치로서 위 도유사 김♤중에게 그 소송절차를 수행하도록 위임한 사실이 인정되는바, 같은 취지에서 원고 종중의 대표자인 위 김♤중에 대한 본건 소송수행을 위한 수권이 적법하게 이루어졌다고 판단한 원심의 조처는 정당하고, 거기에 위 임시 종원총회의 성립과 결의절차에 관한 관례에 위반하여 심리를 다하지 아니한 채 이유를 갖추지 못했다거나 채증법칙을 위배하여 사실을 오인한 잘못이 있다할 수 없으니 논지는 이유 없다.

한 개의 종중이 내분으로 인하여 사실상 2개로 분파된 상태에서 별도의 종중총회가 개최되어 종중 대표자로 선임된 자를 종중의 대표자로 볼 수 있는지 여부(소극) / 대법원 1998. 2. 27 선고 97도1993 판결 [무고·사기]

판례해설

고유의미의 종중은 자연발생적으로 생기는 것이기 때문에 종원의 지위를 박탈할 수도 없고 더불어 두 개로 구분될 수도 없는바 만약 인위적

> 으로 별도의 종중 총회를 개최하여 새로운 대표자를 선출하였다고 하더라도 이는 무효에 불과하다.

법원판단

1. 원심판결 이유에 의하면, 원심은 채용 증거들에 의하여, 탐진최씨 남파종중(이하 남파종중이라 한다) 및 주남파문회(남파종중은 주서파, 주남파, 성남파가 연합한 대종중임)는 피고인을 대표자로 추종하는 종중원들과 공소외 최▼래를 대표자로 추종하는 종중원들로 사실상 분열된 상태에 있었는데, 위 최▼래는 주남파문회의 대표자로서 공소외 최▲기 등 9인 명의로 등기된 광주 ○○구 ○○동293 답 1,207㎡와 위 최▲기 등 6인 명의로 등기된 광주 ○○구 ○○동산 127 임야 1,073㎡에 관하여 위 최▲기의 손자인 피고인과 다른 명의수탁자의 상속인들이 재산상속을 원인으로 한 소유권이전등기를 마치거나 매수인들이 명의수탁자와의 매매를 원인으로 한 소유권이전등기를 마치자 위 답 및 임야가 주남파문회 소유의 재산임을 내세워 1991. 11. 하순경 광주지방법원 91카12605호와, 1992. 4.경 같은 법원 XX카XXXX 호,XX호XXXX 로 각 부동산처분금지가처분을 하고 그 보증금으로 1991. 11. 29. 위 91카12605호 사건에 대하여 금 1,000,000원을, 1992. 4. 2. 위 92카3872,XX호XXXX 사건에 대하여 각 금 10,000,000원을 광주지방법원에 공탁한 사실, 그 후 피고인과 그를 추종하는 종중원들로 구성된 주남파문회의 이사들은 위 공탁금을 회수하기로 결의하고 주남파문회 대표자 최

옥균 또는 피고인의 명의로 가처분취하서를 법원에 제출한 다음 1992. 8. 7.경 피고인이 주남파문회 대표자로서 담보취소신청을 하여 그 결정을 받고 같은 달 19. 사실은 위 최▼래가 위 공탁서를 소지하고 있음에도 불구하고 마치 위 공탁서를 분실한 것처럼 피고인과 제1심 공동피고인 최◆연, 최■연을 보증인으로 내세워 공탁공무원으로부터 위 공탁금을 회수한 사실을 인정한 다음, 사실상 분열된 종중의 일파가 소유관계가 불분명한 종중재산에 대하여 처분금지가처분신청을 하면서 그 보증금으로 공탁한 공탁금을 그 의사에 반하여 다른 분열된 종중의 일파가 가처분취하서를 제출하여 처분금지가처분등기를 말소하게 하고 공탁금을 회수하였다면 이는 사기죄를 구성하고, 피고인이 형식상 주남파문회의 회장자격으로 하였다거나 분열된 종중 이사회의 형식적인 결의를 거쳤다고 하더라도 그러한 사정만으로 사기죄의 고의가 없다거나 그 행위를 정당하다고 볼 수 없다는 이유로, 피고인에 대한 판시 사기의 범죄사실을 유죄로 인정한 제1심판결을 유지하였다.

고유의 의미의 종중의 경우에는 종중이 종중원의 자격을 박탈한다든지 종중원이 종중을 탈퇴할 수 없는 것이어서 공동선조의 후손들은 종중을 양분하는 것과 같은 종중분열을 할 수 없는 것이고(대법원 1983. 2. 8. 선고 80다1194 판결, 1996. 10. 11. 선고 95다34330 판결 등 참조), 따라서 한 개의 종중이 내분으로 인하여 사실상 2개로 분파된 상태에서 별도의 종중총회가 개최되어 종중대표자로 선임된 자는 그 분파의 대표자일 뿐 종중의 대표자로 볼 수는 없다고 할 것이다.

기록과 위에서 본 법리에 비추어 살펴보면, 원심의 위 인정판단은 모두 정당하고, 거기에 소론과 같은 사실오인이나 심리미진 및 사기죄에 관한 법리오해의 위법이 있다고 할 수 없으며, 소론이 내세우고 있는 대법원 판결은 교단의 분열이 인정된 경우로 이 사건과 사안을 달리하는 것이어서 원심의 위와 같은 판단이 위 판례에 반하는 것이라고 볼 수도 없다.

같은 혈족이지만 공동선조를 달리하던 별개의 소종중이 통합한 경우, 통합 종중의 법적 성격 및 이때 통합 전 소종중의 객관적 실체가 소멸하는지 여부(소극) / 대법원 2008. 10. 9 선고 2008다41567 판결 [부당이득금]

판례해설

종중은 자연발생적 집단이기 때문에 다른 종중과 통합된다고 하더라도 통합된 종중이 종중 유사단체가 되는 것은 별론으로 하더라도 **통합으로 인하여 자연발생적 집단으로서의 종중이 그 실체가 없어지는 것은 아니다.**

법원판단

고유한 의미의 종중은 공동선조의 후손들에 의하여 그 선조의 분묘 수호와 제사 및 후손 상호간의 친목을 목적으로 형성되는 자연발생적인 종족단체로서 그 선조의 사망과 동시에 그 자손에 의하여 성립되는 것이므로, 같은 혈족이지만 공동선조를 달리하던 별개의 소종중이 통합하여 새로 구성된 종족집단으로서의 통합종중은 고유한 의미의 종중이 아니긴 하지만 그 단체로서의 실체를 인정할 수 있을 경우에는 종중 유사의 권리능력 없는 사단으로서 단체성만을 인정할 수 있을 것인바, 그 경우에도 자연발생적 집단으로서 선조의 사망과 동시에 자손에 의하여 자연발생적으로 성립하는 고유한 의미의 종중으로서 통합 전 소종중의 객관적 실체가 없어지는 것은 아니라 할 것이다.

따라서 통합종중의 규약에서 통합 전 소종중의 재산이 통합종중에 귀속되는 것으로 정하였다 하더라도 이와 같은 통합 전 소종중원의 총유에 속하는 재산의 처분에 관하여는 그 소종중의 규약 혹은 종중총회 결의에 따른 적법한 처분절차를 거치지 아니하는 이상 그 유효성을 인정할 수 없고, 그 주장입증에 대한 책임은 처분행위의 유효를 주장하는 측에 있다 할 것이다(대법원 1991. 1. 29. 선고 90다카22537 판결, 대법원 2007. 6. 29. 선고 2005다69908 판결 등 참조).

원심판결 이유에 의하면, 원심은 밀양박씨 후손들 중 55세손 시경을 중시조로 하는 후손들은 '시경파 대문중'을, 같은 55세손 시달을 중시조로 하는 후손들은 '시달파 소문중'을 각 구성하여 활동해 오던 중 1993년경 양 문중이 통합되면서 시경, 시달을 복수의 공동선조로 하는 밀양박씨 복사공 11세손 시경시달파 종회를 결성하고 종회 규약의 제정 및 종중의 등록까지 마쳤다가 2005. 1. 2.자 정기총회결의를 통해 종회의 명칭만 원고로 변경하고 그에 맞추어 규약도 바꾼 사실, 원고는 대표자인 1인의 회장과 4인의 이사 등 임원진과 임원회 및 정기총회 등 조직기구를 두고서 매년 시제를 지내면서 종중 재산도 소유·관리하여 온 사실, 이 사건 토지는 통합 전 시달파 소문중이 위토용으로 1931. 4. 10. 소유권을 취득하여 종원인 소외 1외 2인 앞으로 명의신탁하여 소유권이전등기를 마친 상태에서 소외 2로 하여금 분묘 관리의 대가로 1999년까지 이를 경작하게 한 것인데, 6·25 동란으로 등기부가 멸실되자 시달파 소문중이 1985. 6. 24. 부동산등기에 관한 특별조치법(법률 제3562호)에 의해 그 종원인 소외 3, 소외 4, 소외 5, 피고 1에게 명의신탁하여 위 4인 공유로 소유권보존등기를 하여 둔 사실, 그 후 이 사건 토지가 옥천군에 수용되어 위 명의수탁자들 혹은 그 상속인에게 각 공유지분 비율로 수용보상금이 지급된 사실 등을 인정하였다.

원심은 위 인정 사실을 토대로, 이 사건 토지는 원고 종중이 1931. 4. 10. 위 소외 1외 2인에게 명의신탁하였다가 1985. 6. 24. 위 소외 3등 4인에게 재차 명의신탁하여 둔 것이라는 위 인정 사실과 모순되는 원고의 주장을 배척하는 한편, 시달파 소문중과 시경파 대문중이 1993년 1월경 통합되면서 원고가 시달파 소문중으로부터 위 토지에 관한 명의신탁자의 지위를 양수한 것이라는 취지로 원고의 주장을 선해하더라도 양도인인 시달파 소문중의 내부 규약에 따른 적법한 양도결의를 거쳤음을 인정할 증거가 전혀 없다는 이유로 이를 배척하였다.

앞서 본 법리와 기록에 비추어 보면, 이러한 원심의 사실인정 및 판단은 정당하다.

원심판결에는 상고이유에서 주장하는 바와 같은 종중 통합결의의 효력에 관한 법리오해, 이유모순·이유불비 등의 위법이 없고, 사실심의 전권에 속하는 원심의 사실인정을 다투는 취지의 주장은 적법한 상고이유가 되지 못한다.

한편, 원고의 주장처럼 통합종중의 설립을 위한 발기총회의 목적이 종원의 화합 및 발전과 자산관리의 효율적 운영에 있었다거나 양 문중의 통합 이후 통합 전의 문중 재산에 관한 권리행사 및 관리행위를 원고가 하였을 뿐 통합 전 문중이 이에 관여하거나 명의수탁자인 피고들측에서 이의를 제기한 바가 없다 하여도 그러한 사정만으로 시달파 소문중원의 총유에 속하던 이 사건 토지에 관한 권리가 시달파 소문중의 적법한 처분결의 없이 당연히 원고에게 귀속된다거나 원·피고들 사이에 묵시적 명의신탁관계가 성립한 것으로 볼 수는 없으므로, 이 부분 상고이유의 주장도 이유 없다.

종중 총회 일반

종중총회 부존재 확인을 구할 수 있는 정도 [서울중앙지방법원 2019. 1. 17. 선고 2018가합516447 판결 [A종친회총재선임결의부존재확인]

판례해설

특정 종중 총회의 무효확인을 구할 정도가 되기 위해서는 최소한 결의가 있었음은 인정되어야 하고 최소한 외관 정도는 남아있어야 하며 그 결과 현재의 권리 또는 법률관계에 장애를 초래할 정도의 외관을 제거한 필요가 있어야 한다.

이 사건에서 총회가 개최되기는 하였으나 곧바로 총회를 부정하고 재차 총회가 진행됨으로서 해당 결의를 다툴만한 외관이 존재하지 않는다고 판단하여 확인의 이익이 없다고 판단하였다

법원판단

종중총회결의부존재확인의 소를 제기하려면 우선 종중총회의 결의자체는 존재하지만 총회의 소집절차 또는 결의방법에 총회결의가 존재한다고 볼 수 없을 정도의 중대한 하자가 있는 경우이거나 적어도 종중최회가 소집되어 그 결의가 있었던 것과 같은 외관이 남아 있는 결과 현재의 권리 또는 법률관계에 장애를 초래하므로 그 외관을 제거

할 필요가 있는 경우라야 할 것이다.

　2017.4. 2. 피고 종중의 정기총회가 개최되었음은 앞서 본 바와 같다. 그러나 갑 제2, 3, 5 내지 11호증의 각 기재만으로는 위 총회에서 C을 피고 종중의 총재로 선임하는 결의가 있었음을 인정할 외관적인 징표를 인정하기에 부족하고 달리 이를 인정할 증거가 없으며, 오히려 을 제19호증의 기재 및 변론 전체의 취지에 의하면, ①피고종 중의 2017. 4. 2.자 정기총회 회의록의 내용에 의하면 위 정기총회에서 C을 피고 종중의 총재로 선출하는 결의가 이루어지지 않은 것으로 보이는 점, ② C은 2017. 4. 2. 이후에도 그 자격을 '총재 직무대항자'로 표시해 오다가 법원의 허가를 얻어 2018. 4. 21. 피고 종중의 총회를 개최하고 위 총회에서 총재로 선출된 점,

　③ 원고가 C을 상대로 "C을 총재로 선출한 피고 종중의 2017. 4. 2.자 결의가 무효이다"라는 이유로 제기한 직무집행정지가처분 사건(서울중앙지방법원 2018카합20157)사건에서 이 사건 변론 종결 이후인 2018. 12. 27. 위 1,2 등의 이유로 원고의 신청이 기각된 점이 인정될 뿐이다.

　결국 이 사건에서 피고 종중의 2017. 4. 2. 자 정기총회에서 C을 피고 종중의 총재로 선임하는 결의의 존재를 인정할 외관적인 징표도 찾아볼 수 없다고 할 것이므로, 위 종중총회결의의 부존재확인을 구할 이익이 없다.

정당한 종중총회 산회 후 비대표자가 진행한 총회는 부적법 / 대법원 1979. 4. 24 선고 77다1173 판결 [소유권보존등기말소]

판례해설

총회 진행 중 반대 측에서 총회의 절차가 자신들 마음에 들지 않는다고 해서 총회 산회 후 재차 총회를 하는 경우 해당 총회는 어떻게 될까

이는 기존 총회의 적법성 여부에 따라 달라진다 즉 정당한 총회라고 한다면 그 이후 진행한 총회는 부적법해지고 그렇지 않고 부적당한 총회라고 한다면 그이후 진행한 총회의 절차에 따라 적법 여부가 달라진다.

이와 같은 이유로 기존 총회의 적법 부적법은 결국 법원의 판단 상황이기 때문에 반대측에서는 일단 산회 후 총회를 다시 진행하는 것이 하나의 방법이 될 수 있다.

법원판단

원고 소송대리인 변호사 한△세의 상고이유 제1점, 같은 배◐현의 상고이유 제3, 4점, 같은 김♡수의 상고이유 제1점에 대하여 본다.

원심판결에 의하면 원심은 원고 종중은 광산김씨 허주공을 공동선조로 하고 그 후손들로 구성된 종중으로서 성문의 종중규약을 가진 바 없이 관례적으로 그 정기총회는 매년 음력 10.12에 시행하는 시제때에

스스로 모인 성년 이상 종원들만으로 개최하고 일반의 의사진행방식에 의하여 합의하되 그곳에 출석한 종원 과반수 이상 찬성으로 임기의 정함이 없는 종중 대표자인 도유사 1명, 그를 보좌할 부유사 2명을 선출하여 분묘관리 및 종중재산의 관리.처분에 관한 사항등의 종사를 결의하여 왔고, **임시총회는 도유사가 필요시에 전년도 시제에 출석한 종원 및 위 시제에 참석한 종원의 명부인 도기등을 참작하여 그 주소를 아는 종원들에게 서면, 구두로 소집통지를 하고 그 과반수 참석으로 개최하여 출석종원 과반수의 찬성으로 처리**(불출석 종원의 위임장에 의한 대리결의는 불인정해왔다)하여 온 사실, 원고 종중의 상위 종중인 소외 광산김씨 문원공파 종중은 1975.8경 그 종회에서 이 사건 소제기 당시의 원고 종중 대표자이던 김한중을 위시한 종중 간부들에 대하여 그 판시와 같은 사유로 종원 자격을 박탈하는 할종이라는 징계처분을 하였던 관계로 위 허주공의 11대종부인 소외 이재남과 원고 종중의 종원인 김득수 외 14인은 위 김한중이 위 징계 처분으로 인하여 원고 종중원겸 대표자 자격을 상실하여 원고 종중의 도유사가 공석이 되었으니 임원 개선이 필요하다는 구실아래 자기들 공동명의로 원고 종중 임시총회를 소집한 결과 원고 종중 종원 김경중 등 70여명이 1975.9.24. ○○시 ○○동소재 동원예식장에 모여 그 임시총회를 열고 원고 종중의 도유사인 위 김한중을 해임하고, 김용국을 도유사겸 이건 소송에 관한 원고 종중 대표자로 선임하는 결의를 한 사실, 원고 종중의 종원인 소외 김영복등 99명은 1975.11.14.(음력으로 동년10.12) 그 해의 시제를 마치고 나서 원고 종중의 정기총회를 개최하고저 하던 중 의장 노릇을 하려던 위 김한중이 새로 선임된 도유사임을 주장하고 나선 위 김용국과 그를 지지하는 종원들 때문에 자기가 의도하는 방향대로 결의를 이끌어 나갈 수 없을 듯 하자 일방적으로 산회를 선포하고 자기를 지지하는 종원 10여명과 같이 퇴장하여 버리므로 나머지 종원 80여명이 그 자리에 남아 소외 김경중을 임시의장으로 선임하고 회의를 진행한 결과 만장일치의 찬성으로 앞서 본 1975.9.24. 원고 종중 임시총회의 결의사항인 전 도유사 김한중의 해임과 위 김용국을 새로 도유사로 선임한 결의 등의 정당성을 인정하고, 이를 재확인하는 결의를 한 사실, 위 김용국은 원고 종중의 임시총회 소집관례에 따라 그 도유사 자격으로 임시총회를 소집하여 1975.12.8. 위 동원예식장에서 그 곳에 참석한 종원 김길중 등 74명으로 원고 종중 임시총회를 개최하고 만장일치의 찬성을 얻어 이 사건 소를 취하하기로 결의한 사실, 그리고 원고 종중의 종원인 소외 김영익 등 86명은 1976.12.3.(음력으로 동년 10.12) 그 해의 시제를 마치고 원고 종중의 정기총회를 개최하고 위 김용국과 그 지지종원 일부가 불참한 가운데 참석종원의 만장일치의 찬성으로 위 김한중을 원고 종중의 도유사로 다시 선임하는 결의를 한 사실등을 인정하고, 위 인정사실에 의하면 1975.9.24.에 열어 위 김용국을 그 대표자로 선임한 원고 종중의 위 임시총회는 적법한 소집절차에 의하지 아니하고 소집 개최된 것이므로 그 회의의 결의는 부적법하여 무효라고 할 것이나, 한편 원고 종중의 정기총회에 관한 관행에 비추어 볼 때 적법히 성립 개최된 종중회의에서 의장이 되어야 할 사람이 자기가 의도하는 방향대로 결의를 이끌어 나갈 수 없다는 이유로 그 의사진행을 거부하고 퇴장하는 경우에는 나머지 종원들만으로 임시의장을 선임하여 의사진행을 할 수도 있다고 보는 것이 상당할 것이니, 위 김한중이 산회를 선포하고 퇴장하여 버린 후 남아 있는 대다수 원고 종중원들이 위 김경중을 임시의장으로 선출하여 개최한 동년 11.14자 원고 종중의 위 정기총회는 그 성립의 과정이 위와 같으므로 적법히 성립되었다고 할 것이고, 이 정기총회에서 위에서 본 임시총회 결의사항을 재확인하는 결의가 있어 이를 추인하였음을 알 수 있으니 이로써 위 김용국이 원고 종중의 정당한 도유사가 되었다고 볼 수 밖에 없으며, 따라서 동인이 그 도유사자격으로 소집하여 개최한 동년 12.8자 원고종중의 임시총회도 적법히 성립된 회의라고 할 것이어서 이 회의에서의 결의 역시 유효하다 할 것이므로 위 김용국은 1975.11.14.자 원고 종중총회에서 원고 종중 대표자로 선임되어 1976.12.3.자 원고 종중 정기총회에서 위 김한중이 원고 종중대표자로 다시 선임될 때까지 사이에는 적어도 원고 종중의 정당한 대표자자격을 가지고 있었다고 할것이고 위 김용국이 원고 종중 대표자로서 1975.12.8.자 원고 종중 임시총회의 결의를 거쳐 1976.11.30. 이 사건 소를 취하한 것은 유효하다는 판단에서 이 사건은 소의 취하로서 종료되었다고 선언하고 있다.

 살피건대 원고 종중은 성문의 종중규약을 가진 바 없이 관례적으로 정기총회는 매년 음력 10.12에 시행할 시제 때에 스스로 모인 성년이상의 종원들 만으로 개최하고 일반의 의사진행방식에 의하여 회의를 하되 그 곳에 출석한 종원 과반수 이상의 찬성으로 임기의 정함이 없는 종중 대표자인 도유사 1명,그를 보좌할 부도유사 2명을 선출, 분묘관리 및 종중 재산의 관리.처분에 관한 사항등 종사를 결의하여 왔고 임시총회는 도유사가 필요시에 전년도 시제에 출석한 종원 및 위 시제에 출석한 종원의 명부인 도기등을 참작하여 그 주소를 아는 종원들에게 서면 또는 구두로 소집통지하여 그 과반수 참석으로 개최하고 출석종원 과반수 이상의 찬성으로 처리(불출석 종원의 위임장에 의한 대리의결권은 인정하지 아니하여 왔다)하는 사실 및 위 김한중이 원고 종중의 1975.11.14. 종중 정기총회 개최일 현재의 원고 종중의 정당한 대표자인 사실은 원심이 적법히 인정한 사실과 같다.

그러나 원심의 위 인정사실 중 원고 종중의 1975.11.14.자 정기총회에서 위 김한중이 그의 의도하는 바대로 결의를 이끌어 나갈 수 없을 듯 하자 일방적 산회를 선포하고 퇴장하였다는 사실 부분을 원심 거시의 증거 및 기록에 의하여 보면 위 김한중은 위 정기총회에서 원고 종중의 대표자인 도유사의 자격으로 종중의 관례인 일반의사 진행방식에 따라서 회의를 진행하려 하였으나 도유사로 자처하던 위 김용국(동인을 도유사로 선임한 1975.9.24. 원고 종중 임시총회 결의는 무효임이 원심판시와 같고, 이는 정당하다)과 그를 지지하던 일부 종원들이 위 김한중의 의사진행을 방해하여 도저히 그 의사진행을 할 수없어 부득이 동일 오후 4시경을 전후해서 산회를 선포한 사실을 엿볼 수 있으니 부당하게 일방적으로 산회를 선포한 것으로는 보기 어렵다 할 것이고, 또 **종중이 그 종원에 대하여 그 자격을 박탈하는 소위 할종이라는 징계처분은 비록 그와 같은 관행이 있다 하여도 이는 종중으로서의 본질에 반하는 것으로서 그 관행 내지 징계처분은 위법하여 무효로서 종중으**

로서의 신분에 영향을 미칠 수 없다 할 뿐 아니라 원고 종중의 상위 종중이 한 징계처분으로서 원고 종중원의 신분 내지 자격까지 박탈하는 효력도 발생한다고는 할 수도 없다 하겠으니(대법원1978.9.20. 선고, 78다1435 판결 참조) 위 김한중은 1975.11.14.자 정기총회 개최시 현재의 원고 종중의 정당한 대표자인 도유사였다 할 것이므로 원고 종중의 정기총회에 관한 위 설시와 같은 관례에 비추어 정당히 개최된 원고 종중의 정기총회에서 권한있는 대표자가 일반의 의사진행방식에 따라 종중총회의사를 진행함에 있어서 종중 대표자로 자처하는 자와 그 지지자들이 그 의사진행을 방해하여서 그 회의의 진행을 도저히 할 수 없어 부득이 산회를 선포치 않을 수 없는 상황하에서 한 것이라면 위 김한중의 위 정기총회의 산회선포는 일응 합당한 종중 정기총회 산회의 선포로 볼수 있다고 할 것이고, 따라서 그 정당한 종중총회 산회 이후의 종중대표자 아닌 자에 의한 같은 일시의 종중회의의 개최진행은 위 설시한 바와 같은 원고종중의 총회개최 진행관례에 미루어서 원고 종중의 정기총회 또는 임시총회로서 적법한 것이라고는 볼 수 없다 할 것이다(위 산회선포 후의 회의출석 종중원이 원고 종중 관례인 당일(산회선포전) 출석종중원수의 과반수 이상 찬성으로 볼 수 있는 그 출석종원수가 되는가의 점에 있어서도 원심인정과 같이 80여명으로 단정할 자료도 미흡한 바 없지 아니하다.).

그렇다면 1975.11.14.자 위 김한중의 종중 정기총회 산회선포 후의 원고 종중의 동일자 정기총회 개최 및 결의가 적법 유효함을 전제로 한 원심의 판단결론은 위 김한중이가 1975.11.14. 정기총회에서 부당하게 일방적으로 산회를 선포하게 된 사실에 관하여 증거없거나 심리를 미진한 채로 이를 부당한 일방적인 산회선포 사실로 인정하였음에 연유되었거나, 위 설시와 같은 원고 종중의 관례에 따른 일반의사 진행방식에 의한 종중총회의 의사진행 내지 회의의 성립에 관한 법리를 오해하므로써 판결에 영향을 미쳤다 할 것이니 이러한 점을 논란하는 논지는 이유있어 다른 논점을 따질 것 없이 원심판결은 이 점에서 파기를 면치 못한다 할 것이다.

그러므로 원심판결을 파기하고 다시 심리판단케 하기 위하여 이 사건을 원심인 서울고등법원으로 환송하기로 하여 관여법관의 일치된 의견으로 주문과 같이 판결한다.

종중의 과반수 이사가 총회 소집요구를 하고 후에 회장과 사망 이사를 제외한 이사 전원이 모인 이사회에서 총회 소집에 관한 결의를 한 경우 위 소집요구가 총회 결의의 무효 내지 부존재 사유로 될 총회 소집절차의 중대한 하자에 해당하는지 여부(소극) / 대법원 1992. 12. 8 선고 91다23981 판결 [총회결의부존재확인]

판례해설

종중 관련 절차와 관련하여서는 법원에서는 다소 완화된 태도를 보이고 있다. 이는 종중이 자연발생적 집단이라는 점, 혈족에 해당한다는 점을 고려하여 그 자율성 등을 인정하려는 법원의 태도에 기인한 것으로 보고 있다.

　대상판결 역시 종중 과반수 이사가 총회 소집요구를 하고 후에 회장과 사망이사를 제외한 이사회 전원이 모여 총회 결의를 한 경우 일부 구성원이 제외되고 그 명의가 이사회가 아닌 일부 개인에 의한 소집이라고 하더라도 이와 같은 총회가 부적법하지 않다고 판단한 것이다

법원판단

　제1점에 대하여, 원심판결 이유에 의하면, 원심은 그 거시증거에 의하여 피고종회가 1985.8.12. 정기총회를 개최하여 임원선임 및 종회재산 처분에 관하여 판시와 같은 결의를 한 바 있으나, 그 총회는 이사회의 의결절차도 거치지 아니하고 순◆문중에는 총회개최 소집통지조차 하지 아니한 채 서× 및 함♡문중의 이사나 대의원만 참석하여 개최된 것이어서 그 소집절차에 중대한 하자가 있고, 그래서 이사인 원고가 위 총회의 소집절차상의 하자를 들어 그 결의의 효력을 다투는 이 사건 소를 제기하자 부회장인 서정▼을 포함한 7명의 이사들은 적법하게 소집. 개최된 총회에서의 새로운 결의를 통하여 그와 같은 분쟁을 해결해야겠다고 생각하고 1989.3.3. 회장인 서창@에게 총회 및 이사회 소집요청서를 발송하였던 바, 그러나 위 서창@은 회장으로 선임된 후 피고 종회의 소유인서× ○○구 ○○동61소재 ○○빌딩을 매각처분하여 그 대금을 횡령하였다가 고소당하여 실형을 선고받고 복역까지 마친 상태일 뿐 아니라 그 사건으로 인하여 일부 피고 종회원으로부터 위해를 당할 우

려가 있어 피신하고 있는 형편이어서 회장의 직무를 수행할 수 없는 형편이어서 위 소집요청서를 받고 같은 달 8. 일신상의 사유로 총회 및 이사회를 소집할 수 없어 부회장 중 위 서정▼을 회장직무대리로 지명하니 회칙에 의하여 위 서정▼이 총회 및 이사회를 소집. 개최하기 바란다는 내용의 회신을 보낸 사실, 이에 위 서정▼은 12인의 이사중 회장인 서창@과 이미 사망한 서◇태를 제외한 10명의 이사 전원(원고포함)이 참석한 가운데 개최된 같은 달 27. 이사회에서 위 회장직무대리지명에 관한 이사회의 동의를 얻고, 총회에 부의할 사항에 관한 이사회의 결의를 거쳐 그 무렵 임원개선 등의 안건을 심의하기 위하여 1989년도 정기총회를 같은 해 4.9. 12:00 개최한다는 내용의 소집통고를 순◆문중을 포함하여 각 문중에 하였으며, 그리하여 위 일시에 개최된 피고총회에서는(원고가 소속된 순◆문중에서는 총회에 참석할 대의원명단도 제출하지 아니한 채 원고를 포함한 4인의 종원이 출석하였다가 회의진행에 불만을 품고 중도에 모두 퇴장하였다)회칙소정의 절차에 따라 임원개선에 관하여 새로이 판시와 같은 결의를 한 사실을 인정하고, 위 인정사실에 의하여 새로 개최된 1989.4.9.자 피고종회의 정기총회는 회장(소집권자)인 위 서창@의 유고로 인하여 그가 회칙에 따라 부회장 중 회장직무대리로 지명한 위 서정▼에 의하여 소집개최된 것으로서 적법한 소집권자에 의하여 소집개최된 것이라 할 것이고, 가사 위에서 인정된 사유만으로는 회장인 위 서창@의 유고에 해당한다 할 수 없어 회칙에 따른 회장직무대리를 지명할 수 있는 경우가 아니고, 따라서 **위 서정▼을 적법한 회장직무대리로 볼 수 없다 하더라도 총회의 소집권자인 위 서창@이**

위 서정▼등의 총회소집요청에 동의하여 위 서정▼으로 하여금 총회를 소집하게 한이상 그에 의하여 소집개최된 위 총회는 적법한 소집권자에 의하여 소집개최된 것이라 할 것이며, 따라서 그 총회에서 임원선임에 관하여 새로이 적법한결의가 이루어진 이상 그 소집절차의 중대한 하자로 인하여 당초 위 1985.8.12.자 총회에서의 임원선임결의가 부존재 또는 무효하다 하더라도 그 결의의부존재 또는 무효확인을 구하는 것은 과거의 법률관계 내지 권리관계의 확인을 구하는 것에 불과하여 그 부분청구는 권리보호의 이익이 없는 부적법한소에 해당한다고 판단하고 있다. 기록에 비추어 보면, 피고 종회의 1989.4.9.자 총회소집을 위하여 부회장인 서정▼을 포함한 이사 7명이 회장인 서창@에게 총회 및 이사회 소집요청서를 보냈고, 위 서창@이 그 소집요청서를 받고도 위와 같은 일신상의 사유로 직접 총회 및 이사회를 소집할 수 없음을 내세워 위 서정▼을 회장 직무대리로 지명하면서, 그에게 회칙에 의한 총회 및 이사회의 소집을 요구하는 내용의 회신을 보낸바 있다는 원심의 사실인정은 수긍할 수 있고, 이를 채증법칙 위배에 의한 사실오인이라 탓할 수 없다. 소론은 원심의 전권사항인 사실인정과 증거취사를 비난하는 것에 귀착되어 이유없다.

제2점에 대하여, 피고종회의 성문회칙에, 피고종회의 임시총회는 회장이 필요하다고 인정할 때나 이사회가 필요하다고 인정하여 소집요구할때, 또는 대의원 과반수 이상이 소집요청할 때 회장이 소집하며 회장이 소집요구를 받고도 불응할 때에는 이사 과반수 또는 대의원 과반수 이상이 이를 소집개최하도록 규정되어 있으므로 이와 같은 회칙규정에 의하여 총회소집요구는 개개의 이사가 할 수 있는 것이 아니라 이사회의 결의에 의하여 이를 할 수 있다고 풀이할 것임은 소론지적과 같다. 그런데 이 사건에서 원심이 확정한 바와 같이 총회소집요구를 이사회 결의를 거쳐 이사회 이름으로 한 것은 아니지만 부회장인 서정▼을 포함하여 이사과반수를 넘는 7인의 이사가 총회소집요구를 하고 그 후에 원고를 포함한 이사전원(회장과 사망이사 제외)이 모인 이사회에서 총회소집에 관한 결의를 하였다면 그 소집요구는 이사회가 한 것이나 다를 바 없다 할 것이고, 이를 들어 총회소집 절차의 중대한 하자라 하여 총회결의의 무효 내지 부존재 사유로삼을 수는 없다 할 것이다. 또 회장인 위 서창@이 위와 같은 이사들의 총회소집 요구를 수용하여 부회장인 서정▼에게 총회소집을 위임하고 위 서정▼이 그 위임에 의하여 소집절차를 밟은 이상 판시와 같은 서창@의 일신상의 사유가 회장직무를 수행할 수 없는 유고사유에 해당하는 여부에 관계없이 이는 적법하다 할 것이다. 원심이 이와 같은 견해에서 이 사건 총회소집 절차에 위법이 없다고 판단하였음은 옳고, 거기에 소론과 같은 법리오해가 있다 할 수 없다.

여성의 종중원 자격과 종중총회에서의 의결권을 제한하는 내용으로 종중규약을 개정하고, 종중 소유 부동산에 관한 수용보상금을 남성 종중원들에게만 대여하기로 한 종중 임시총회 결의를 무효라고 판단한 사례/ 대법원 2007. 9. 6 선고 2007다34982 판결 [종중임시총회결의무효확인등]

판례해설

종중에 관하여 이미 여성도 종중의 종원에 포함된다는 대법원 판례 이후로 **여성 종원의 권리 즉 의결권이라든지 그 외 재산적 권리를 제한하는 정관이나 규약이 만들어지고 있으나 의결권이나 재산적 처분권은 종원으로서 당연히 가지는 본질적 권리**이기 때문에 이를 제한하는 규약 등의 변경은 불가능하고 만약 그와 같은 내용으로 개정되었다고 하더라도 당연무효의 규약에 불과하다

법원판단

<u>종중의 성격과 법적 성질에 비추어 종중이 그 구성원인 종원이 가지는 고유하고 기본적인 권리의 본질적인 내용을 침해하는 처분을 하는 것은 허용되지 않는다</u>(대법원 2006. 10. 26. 선고 2004다47024 판결 등 참조).

원심은, 그 채용 증거들을 종합하여 판시와 같은 사실을 인정한 다음, 피고 종중이 2005. 11. 21.자 임시총회의 결의로써 피고 종중 규약을 개정하면서 그 제27조에서 '여손(女孫) 본인이 종원 자격을 원할 경우에

한하여 준종원 자격을 주며, 준종원은 총회에서의 의결권을 인정하지 않는다.'고 한 것과 2005. 12. 18.자 임시총회의 결의로 피고 종중 소유의 부동산에 관한 수용보상금의 처리방법을 정하면서 '남자 종원 69명에 한하여 1인당 4,000만 원씩 대여한다.'고 정한 것은 모두 여성의 종원으로서의 자격 자체를 부정하는 전제하에서 한 처분이어서 원고들이 종원으로서 가지는 고유하고 기본적인 권리의 본질적인 내용을 침해하는 것이므로 무효라고 판단하였다.

앞서 본 법리와 기록에 비추어 살펴보면, 원심의 이러한 사실인정과 판단은 옳은 것으로 수긍이 가고, 거기에 채증법칙 위배나 종중총회 결의의 효력에 관한 법리오해의 위법 등이 있다고 할 수 없다.

종중재산의 분배에 관한 종중총회의 결의 내용이 현저하게 불공정하거나 선량한 풍속 기타 사회질서에 반하여 사회적 타당성을 결한 경우, 결의의 효력(무효) / 대법원 2018. 1. 25 선고 2017다274666 판결 [부당이득금반환]

> **판례해설**
>
> 특정 종중원이 종중에 어느 정도의 공헌이 있다고 하여 종중 재산의 상당 부분의 부동산을 증여하는 결의는 현저하게 불공정한 내용으로서 무효라고 판단한 것이다.

법원판단

1. 종중은 공동선조의 분묘수호와 제사 및 종중원 상호 간의 친목 등을 목적으로 하여 구성되는 자연발생적인 종족집단으로, 종중재산은 이러한 종중의 목적을 달성하는 데 본질적으로 중요한 요소이다. 이와 같은 종중의 목적과 본질, 종중재산의 성격과 중요성에 비추어, 종중재산의 분배에 관한 종중총회의 결의 내용이 현저하게 불공정하거나 선량한 풍속 기타 사회질서에 반하여 사회적 타당성을 결한 경우에 그 결의는 무효이다(대법원 2010. 9. 30. 선고 2007다74775 판결 참조).

그리고 종중과 위임에 유사한 계약관계에 있는 종중의 임원은 종중재산의 관리·처분에 관한 사무를 처리함에 있어 종중규약 또는 종중총회의 결의에 따라야 함은 물론 선량한 관리자로서의 주의를 다하여야 할 의무가 있다(대법원 2007. 12. 28. 선고 2007도6554 판결 참조).

2. 가. 원심판결 이유와 기록에 의하면, 다음의 사실을 알 수 있다.

1) 원고는 경주김씨 계림군파 대종중의 시조인 소외 1(한자 성명 1 생략)의 5대손 소외 2(한자 성명 2 생략)의 차남 소외 3(한자 성명 3 생략)의 차남인 소외 4(한자 성명 4 생략)의 장남인 소외 5(한자 성명 5 생략)를 공동선조로 하는 종중이다. 피고는 2006. 3. 1.부터 원고의 부회장 내지 회장(2007. 3. 1.부터 2009. 3. 14.까지)을 역임하였고, 소외 6은 2006. 3. 1.부터 원고의 고문 지위에 있다가 2009. 3. 14.부터 2015. 10.경까지 원

고의 회장을 역임하였으며, 소외 7은 2006. 3. 1.부터 원고의 부회장 내지 총무부회장을 역임하였다(이하 피고, 소외 6, 소외 7을 합하여 '피고 등 3인'이라고 한다).

2) 원고는 2006. 3. 1. 정기총회를 개최하여 망 소외 8 등에게 명의신탁되어 있던 충남 연기군 ○○면△△리 일대 35필지에 관한 소유권등기를 원고 명의로 이전하기로 하고, 이를 위해 소제기 등이 필요할 경우 대표자인 회장에게 그와 관련한 모든 권한을 위임하기로 하는 내용의 결의를 하였다. 이후 원고는 2007. 3. 1. 임시총회를 개최하여 위 소송에서 승소할 경우 승소금액의 15%를 변호사에게, 15%를 소송비용 등 출연자에게 각 지급하기로 하는 등의 결의를 하는 한편, 2009. 3. 14. 임시총회를 개최하여 소외 6을 회장으로 선임하고, 위 소송 등에 관한 모든 권한을 회장에게 위임하는 내용의 결의를 하였다.

3) 원고는 2007. 3. 26. 변호사 소외 9를 소송대리인으로 선임하여 망 소외 8 등을 상대로 충남 연기군 (주소 생략) 임야 110,380㎡ 등 13필지(이하 '환수토지'라고 한다)에 관하여 명의신탁 해지를 원인으로 한 소유권이전등기청구의 소를 제기하여 제1심에서는 소 각하 판결을 선고받았으나, 2009. 7. 29. 항소심에서 승소판결을 선고받아 그 무렵 위 판결이 확정되었다(이하 위 소송을 '종토반환소송'이라고 한다).

4) 원고는 2009. 11. 26. 정기총회(이하 '이 사건 정기총회'라고 한다)를 개최하여, 종토반환소송에서 승소한 사실을 알리는 한편, 소송을 대리한 변호사 소외 9에게 환수토지의 15%를, 소송비용 등 출연자인 피고 등 3인에게 환수토지의 15%(각 5%)를 각 증여하거나 매도하여 그 매매

대금을 지급하기로 하는 내용의 결의를 하였다(이하 '이 사건 증여결의'라고 한다).

5) 피고는 2013. 5. 29. 원고를 상대로 의정부지방법원 2013차1974호로 '이 사건 환수토지의 5%에 해당하는 214,865,997원 및 이에 대한 지연손해금을 지급하라'는 내용의 지급명령을 신청하였고, 위 법원은 2013. 5. 29. 피고의 위 신청 내용에 따른 지급명령을 하였는데, 이에 대해 원고가 이의하지 않아 2013. 6. 25. 그 지급명령이 확정되었다. 한편 피고가 지급명령에 기해 환수토지에 대한 강제경매를 신청하여 강제경매개시결정이 내려지자 원고는 2014. 9. 12. 피고에게 278,488,696원을 지급하였다.

나. 원심은 위와 같은 사실관계를 토대로 다음의 이유를 들어 이 사건 증여결의가 종중재산 분배를 금지한 종헌 제20조에 위반하여 무효라는 원고의 주장을 배척하였다.

1) 종헌 제20조가 '본회의 재산은 종중 발전을 위한 필요한 사업에 운용되며 종중원 개인에 분배하지 않음을 원칙으로 한다'라고 규정하고 있기는 하나, 위 규정에 의하더라도 종중재산의 분배가 절대적으로 금지되는 것은 아닐 뿐만 아니라 종헌 제21조가 '원고의 발전을 위하여 공로가 많은 자' 등에게 포상할 수 있음을 규정하고 있고, 종중재산의 분배, 포상은 종중재산의 처분에 해당하여 종중총회 결의로 행할 수 있는 것이므로 이 사건 증여결의가 그 자체로 종헌 제20조에 위배

된다고 볼 수 없다.

2) 원고가 종토반환소송을 통하여 여러 필지의 소유권을 회복하였고, 그 과정에서 피고 등 3인이 상당 부분 기여한 점 등을 고려하면, 피고 등 3인이 불필요한 소송으로 원고에게 손해를 입게 하였다고 보기 어렵고, 달리 이 사건 증여결의의 내용이 현저하게 불공정하거나 선량한 풍속 기타 사회질서에 반하는 경우 등에 해당한다고 인정할 만한 별다른 증거도 없다.

3. 가. 그러나 원심판결 이유와 기록에 의하여 알 수 있는 다음의 사실관계 내지 사정을 앞에서 본 법리에 비추어 살펴보면, 원심의 위와 같은 판단은 수긍할 수 없다.

1) 원고의 종헌에 의하면 '종중 및 종회는 숭조사상(崇祖思想)을 고취하며 회원 간의 친목과 화합 단결을 도모하고 영구히 선조의 얼을 현양(顯揚)케 하는 것을 목적으로 한다'고 하고(제4조), 이러한 목적을 달성하기 위하여 ① 선조의 유업심구(遺業尋究) 및 보존, ② 보첩(譜牒)의 유지(維持) 증보(增補) 및 계도(啓導), ③ 종토(宗土) 및 종재(宗財)의 수호관리(守護管理) 등 종중 및 종회 발전을 위해 필요한 사업을 시행하는 것으로 정하고 있다(제5조).

2) 원고의 종헌 제20조가 '본회의 재산은 종중 발전을 위한 필요한 사업에 운용되며 종중원 개인에게 분배하지 않음을 원칙으로 한다'라

고 정하고 있는 것도 공동선조의 분묘수호와 제사라는 종중의 주된 목적을 달성하는 데 있어 종중재산의 보전 및 유지·관리가 필수적이라는 종중원들의 총의가 반영된 결과라고 보아야 한다.

3) 피고 등 3인이 종토반환소송을 제기하는 등 종중재산의 회복에 **필요한 업무를 수행한 것은 위와 같은 종중의 목적 달성과 발전을 위해 종중의 임원으로서 종중에 대하여 부담하는 선량한 관리자의 주의의무를 다한 것일** 뿐이다.

4) 원고의 종헌이 '본회의 발전을 위하여 공로가 많은 자'에 대하여 포상할 수 있음을 정하고 있기는 하나(제21조), 위와 같은 점들을 감안하면, 종중에 대하여 당연한 의무를 다한 것에 불과한 피고 등 3인이 종토반환소송을 통하여 종중재산을 회복하였다는 사정만으로 회복한 환수토지의 일부를 증여받거나 그 매도대금을 지급받는 것이 정당화된다고 보기는 어렵다.

5) 원고는 이 사건 정기총회에서 증여결의를 하기 전인 2007. 3. 1. 임시총회를 개최하여 종토반환소송에서 승소할 경우 승소금액의 15%를 소송비용 등 출연자에게 지급하기로 하는 내용의 결의를 한 바 있으나, 피고 등 3인이 종토반환소송을 대리할 변호사를 선임한 외에 종토반환소송을 위해 지출한 비용이 있는지, 그 비용은 얼마인지 등 기록상 이를 확인할 만한 객관적인 자료를 찾아볼 수 없다. 특히 이 사건 정기총회에서는 피고 등 3인이 종토반환소송을 위하여 지출한 비용이 얼마인지에 관한 정확한 계산과 보고도 없이 불과 29명(직접 출석 18명, 위임장 제출 11명)만이 참석한 가운데 이 사건 증여결의를 하였을 뿐이다. 2009.

3. 14. 개최된 원고의 임시총회 당시 연락 가능한 종중원 수가 493명이나 되었던 점 등에 비추어 이 사건 증여결의가 종중 구성원인 전체 종중원들의 진정한 의사가 반영되거나 그에 부합하는 결과라고 단정하기도 어렵다. 나아가 종토반환소송은 제1심부터 제2심까지 같은 변호사에게 위임하였는데 착수금 없이 승소 목적물의 15%를 지급하기로 하였고, 승소 확정 후 개최된 이 사건 정기총회에서 환수토지의 15%를 증여하거나 매도하여 그 매매대금을 지급하기로 결의하였으므로, 피고 등 3인이 변호사비용을 부담하거나 지출하였다고 볼 수도 없다.

나. 결국 **피고 등 3인이 종중재산의 회복에 기여한 부분이 있다고 하더라도 이는 선관주의의무를 부담하는 종중의 임원으로서 당연히 해야 할 업무를 수행한 것에 지나지 않으므로 이들에게 실비를 변상하거나 합리적인 범위 내에서 보수를 지급하는 외에 이를 벗어나 회복한 종중재산의 상당 부분을 피고 등 3인에게 분배하는 이 사건 증여결의는 그 내용이 현저하게 불공정하거나 사회적 타당성을 결하여 무효**라고 보아야 한다. 그런데도 이와 달리 판단한 원심판결에는 종중재산의 분배 등에 관한 법리를 오해하여 판결에 영향을 미친 잘못이 있다. 이를 지적하는 취지의 상고이유 주장은 이유 있다.

4. 그러므로 나머지 상고이유에 대한 판단을 생략한 채 원심판결을 파기하고, 사건을 다시 심리·판단하도록 원심법원에 환송하기로 하여, 관여 대법관의 일치된 의견으로 주문과 같이 판결한다.

종중 재산의 분배에 관한 종중총회의 결의가 무효인 경우 및 그 결의 내용이 현저하게 불공정한 것인지 여부의 판단 기준/ 종중 토지 매각 대금의 분배에 관한 종중 총회의 결의가 무효인 경우, 새로운 종중 총회의 결의없이 종원이 곧바로 종중을 상대로 분배금의 지급을 구할 수 있는지 여부 (소극) / 대법원 2010. 9. 9 선고 2007다42310 판결 [보상금]

판례해설

법원은 총회 의결과 관련하여 절차적 부분만 문제가 없다면 기본적으로 그 내용에 관해서는 관여하지 않으려는 경향이 있다. 이는 법원은 최후 보충적 기관임과 동시에 해당 단체의 자율성을 보장하기 위함이다.

다만 대상판결과 같이 그 내용이 현저하게 불공정한 경우에는 의결이 되었다고 하더라도 무효로 판단하고 이는 다수결의 폭력에 의한 피해자를 만들지 않으려는 의도 때문이다.

법원판단

상고이유 제1점에 관하여

가. 비법인사단인 종중의 토지 매각대금은 종원의 총유에 속하고, 그 매각대금의 분배는 총유물의 처분에 해당하므로(대법원 1994.4.26.선고 93다32446 판결 참조), 정관 기타 규약에 달리 정함이 없는 한 종중총회의 결의에 의하여 그 매각대금을 분배할 수 있고, 그 분배 비율, 방법,

내용 역시 결의에 의하여 자율적으로 결정할 수 있다. 그러나 종중은 공동선조의 분묘수호와 제사 및 종원 상호간의 친목 등을 목적으로 하여 구성되는 자연발생적인 종족집단으로 그 공동선조와 성과 본을 같이하는 후손은 그 의사와 관계없이 성년이 되면 당연히 그 구성원(종원)이 되는 종중의 성격에 비추어, **종중재산의 분배에 관한 종중총회의 결의 내용이 현저하게 불공정하거나 선량한 풍속 기타 사회질서에 반하는 경우 또는 종원의 고유하고 기본적인 권리의 본질적인 내용을 침해하는 경우 그 결의는 무효라고 할 것이다.** 여기서 <u>종중재산의 분배에 관한 종중총회의 결의 내용이 현저하게 불공정한 것인지 여부는 종중재산의 조성 경위, 종중재산의 유지·관리에 대한 기여도, 종중행사 참여도를 포함한 종중에 대한 기여도, 종중재산의 분배 경위, 전체 종원의 수와 구성, 분배 비율과 그 차등의 정도, 과거의 재산분배 선례 등 제반 사정을 고려하여 판단</u>하여야 한다.

나. 원심판결 이유에 의하면, 원심은 그 채택 증거에 의하여 피고가 종토 매각대금을 종원에게 분배함에 있어 종토에 관한 토지조사부에 사정명의인으로 등재된 12인의 직계손에게 이를 분배하되 방계손에게는 지원금을 1/2이하로 감축하거나 지급을 보류할 수 있고, 2004. 6. 6. 현재 해외 이민자는 지급대상에서 제외하기로 결의한 사실을 인정한 다음, <u>종토를 특정인에게 명의신탁하였다는 이유만으로 그 직계손에게 방계손보다 2배 이상 더 분배하는 것이나 해외 이민자라는 이유만으로 종중재산의 분배대상에서 배제하는 것은 종원으로서의 권리의</u>

본질적 부분을 부당하게 침해하는 것으로 합리적이라고 할 수 없어 그와 같은 분배결의는 무효라고 판단하였다.

다.앞서 본 법리와 기록에 비추어 살펴보면,원심의 위와 같은 판단은 정당한 것으로 수긍할 수 있고,거기에 종중재산의 처분으로 인한 매각대금 분배 또는 종중총회의 결의에관하여 상고이유의 주장과 같은 법리오해 등의 위법이 있다고 할 수 없다.

2.상고이유 제2점 내지 제4점에 관하여

가. 총유물인 종중 토지 매각대금의 분배는 정관 기타 규약에 달리 정함이 없는 한 종중총회의 결의에 의하여만 처분할 수 있고 이러한 분배결의가 없으면 종원이 종중에 대하여 직접 분배청구를 할 수 없다 (대법원 1994.4.26.선고 93다32446 판결 등 참조).따라서 종중 토지 매각대금의 분배에 관한 종중총회의 결의가 무효인 경우,종원은 그 결의의 무효확인 등을 소구하여 승소판결을 받은 후 새로운 종중총회에서 공정한 내용으로 다시 결의하도록 함으로써 그 권리를 구제받을 수 있을 뿐이고 새로운 종중총회의 결의도 거치지 아니한 채 종전 총회결의가 무효라는 사정만으로 곧바로 종중을 상대로 하여 스스로 공정하다고 주장하는 분배금의 지급을 구할 수는 없다.

나. 그럼에도 원심은 종중 토지 매각대금의 분배에 관한 종중총회의 결의가 무효인 경우, 종원이 곧바로 종중에게 종중재산의 분배청구를

할 수 있음을 전제로 법원이 합리적이라고 판단되는 분배를 직접 명할 수 있다고 보고 원고들의 청구를 일부 인용하였으니, 원심판결에는 총유물의 처분에 관한 법리를 오해한 위법이 있고, 이는 판결 결과에 영향을 미쳤음이 분명하다. 따라서 이를 지적하는 상고이유의 주장은 이유 있다.

종중총회 소집권자 등

종중총회의 소집권자에 관한 일반관습 /대법원 1983. 2. 8 선고 82다카834 판결 [소유권이전등기말소]

> **판례해설**
>
> 종중 소집권자는 **종중에 대표자가 없을 경우 규약이나 일반관례에 따르고 그렇지 않을 경우 종장 또는 문장이 소집하는 것이 원칙**이다

법원판단

(1) 종중대표자의 선임에 있어서 그 종중에 규약이나 일반관례가 있으면 그에 따르고 그것이 없다면 종장 또는 문장이 그 종원중 성년 이상의 남자를 소집하여 그 출석자의 과반수 결의로 선출하는 것이 일반관습이며, 평소에 종장이나 문장이 선임되어 있지 아니하고 그 선임에 관한 규약이나 일반관례가 없으면 현존하는 연고항존자 즉 항렬이 가장 높고 나이가 많은 자가 문장이 된다 함은 당원이 이 사건 환송판결에서 밝힌 바와 같다.

원심은 원고 종중의 대표자를 선임한 1965.1.2.자 종중회의는 당시 고령자인 소외 정▼준이 소집한 것이나 원고 종중의 항렬은 태자 위가 석

자로서 위 종중회의 당시 석자 항렬의 종원도 생존하고 있었는바, 위 정
▼준이 원래 문장이라든지 아니면 항렬에 불구하고 최고령자가 문장이
된다는 원고 종중의 특별한 관례가 있다고 인정할 증거가 없으므로 위
종중회의는 소집권자 아닌 자에 의하여 소집된 것으로서 부적법하다고
판단하고 있다.

그러나 <u>환송 후 원심이 조사한 증거 중 증인 정@근의 증언에 보면,
위 종중회의에 참석한 종원중 위 정▼준보다 항렬이 높은 종원은 소외
정▲석 및 정인석(피고 보조참가인 정인석과 동명이인이다)이 있었는
데 종원의 일치된 의견으로 위 정▼준으로 하여금 종회를 소집케 하였
다는 취지의 진술이 있는바 위 정▲석과 정인석중 최고령자인 정▲석
이 연고항존자에 해당하여 문장의 자격이 있는 자라고 한다면 동인의
위 정▼준의 종회소집에 동의하여 정▼준으로 하여금 소집케 한 이상
비록 위 정▼준이 문장의 자격이 없다고 하여도 그 종회소집을 전혀
권한없는 자의 소집이라고 볼 수는 없을 것</u>이다.

그런데 피고 양×용 소송대리인은 환송후 원심에서 원고 종중의 일반
관습상의 문장에 해당하는 연고항존자는 피고 보조참가인 정인석이라
고 주장하고 있는바(기록 1527정 참조), 피고 제출의 을 제10호증 기재
에 의하면, 위 정인석은 1906.2.19.생인 반면 원고 제출의 갑 제38호증 기
재에 의하면, 위 정▲석은 1905.4.28.생이므로 위 정▲석은 위 정인석과
동 항렬이면서 동인보다 고령자임이 분명하다.

그러므로 원심으로서는 위 정▲석을 원고 종중의 문장자격이 있는 연고항존자로 볼 수 있는지의 여부와 만일 위 정▲석이 연고항존자라면 동인이 정▼준의 종회소집에 동의하였다는 취지의 증인 정@근의 진술의 신빙성 유무를 가려 위 정▼준의 종회소집의 적법여부를 판단하여야 할 것임에도 불구하고 이에 이름이 없이 위와 같이 판단하였음은 심리미진과 증거판단유탈의 위법을 저지른 것이라고 하겠다.

(2) 또 원심은 1965.1.2.자 원고 종중회의를 소집함에 있어서 당시 연락가능한 종원에게 모두 소집통고를 하였다는 원고 주장에 대하여 이에 부합하는 갑 제18호증의 1,2 기재 부분과 환송후 원심증인 정@근의 증언 및 1심의 1978.4.21. 및 1978.5.1.자 각 형사기록검증결과 부분만으로는 이를 인정하기 어렵고 달리 이를 인정할 증거가 없다고 판단하고 있다.

위와 같은 판단취지는 위에 든 증거만으로는 위 원고 주장을 인정할 자료로서 부족하다는 뜻으로 새겨지는바, 위 각 증거내용을 기록에 의하여 살펴보면 위 종중회의 소집당시 소재가 확인되어 연락가능한 종원에게는 모두 소집통고를 하였고 피고 보조참가인 정태경 등에게 통고하지 아니한 것은 종회를 소집한 1965년경에는 원고 종중의 정▼준 등이 위 사람들의 소재를 알지 못하였기 때문이라고 볼 수 있는 내용이 있으므로 이와 같은 증거의 신빙성을 합리적인 이유로 배척하지 않는 한 위 원고 주장을 인정할 증거로서 부족하다거나 또는 증거가 없다고 말할 수는 없는 것이다.

그럼에도 불구하고 원심이 만연히 위 각 증거만으로는 원고 주장을 인정할 수 없다고 판시하였음은 증거의 내용을 잘못 파악한 것이나 그렇지 않으면 증거가치의 판단을 그르친 것이라고 보지 않을 수 없다.

(3) 결국 위와 같은 위법은 소송촉진등에관한특례법 제12조 제2항 소정의 파기사유에 해당하므로 원심판결 중 피고 한국주택은행을 제외한 나머지 피고들에 관한 부분도 파기를 면치 못한다고 할 것이다.

종원에 관한 족보가 발간된 경우 종중총회 소집통지 대상 종중원의 범위 확정방법/ 종중총회 소집권자인 연고 항존자의 확정방법 / 대법원 2009. 10. 29 선고 2009다45740 판결 [소유권이전등기]

> **판례해설**
>
> 다른 단체는 단체의 구성원이 대부분 명확하게 특정되어 있고 이를 기반으로 총회 통지를 하면 충분하지만 **종중은 그 구성원 특정이 애매하고 결국 이와 같은 이유 때문에 대법원은 소집통지에 대해서 완화해석**을 하고 있다.
>
> 다만 대상판결은 이미 종원에 관한 족보가 발간되었다면 최소한 족보를 기준으로 해당 종원에게는 기본적으로 소집통지를 하여야 하고 그렇지 않을 경우 부적법하다고 판시하고 있다.

법원판단

　원심은 갑 제1호증,갑 제23호증의 각 기재 등 그 채용 증거를 종합하여, 원고 종중의 연고항존자인 소외 1과 36대 종손인 소외 2가 원고의 종원 191명 가운데 주소가 확인되는 국내 거주자 171명을 상대로 소집한 2009.2.7.자 임시총회에서, 종원 109명이 출석하여 압도적인 다수의 찬성으로 소외 3을 원고의 대표자로 선출함과 동시에 그가 원고의 대표자로서 행한 소송행위를 추인한 사실을 인정한 다음, 위와 같은 2009.2.7.자 임시총회의 결의에 의하여 대표자의 적법성 등에 관한 종전의 하자가 치유되었다고 판단하였다. 그러나 이러한 원심의 판단은 다음과 같은 이유로 수긍하기 어렵다. 종원에 관한 족보가 발간되었다면 그 족보의 기재가 잘못되었다는 등의 특별한 사정이 없는 한 그 족보에 의하여 종중총회의 소집통지 대상이 되는 종원의 범위를 확정하여야 하고(대법원 1993.3.9.선고 92다42439판결, 대법원 1994.5.10.선고 93다51454판결, 대법원 2000.2.25.선고 99다20155판결 등 참조),여기에서 발간된 족보란,소집통지 대상이 되는 종중원의 범위를 확정하기 위하여 필요한 것이므로 반드시 사건 당사자인 종중이 발간한 것일 필요는 없고 그 종중의 대종중 등이 발간한 것이라도 무방하다(대법원 1999.5.25.선고 98다60668판결 참조). 한편, 연고 항존자인지 여부는 원칙적으로 법원이 제출된 증거를 취사선택하여 자유로운 심증에 따라 인정할 수 있는 것이기는 하나,소집통지 대상 종중원의 범위 확정을 위하여 족보를 살펴보아야 할 것이라면 소집통지 대상자에 대응하는 소집권자인 연고항존자의 확정도 그 족보를 포함하여 판단함이 상당하다. 기록에 의하면, 원고 종중은 그 종중 또는 대종중이 족보를 발간한 바 없다거나 그 기재가 잘못되었다는 등의 아무런 사유를 밝히지 않은 채 족보를 제출하지 아니한 점, 그 대신 원고 종중은 자신이 임의로 작성한 가계보(갑 제1호증), 종중원 명부(갑 제23호증)를 제출하면서 위 가계보 및 종중원 명부상의 연고항존자인 소외 1이 위 가계보 및 종중원 명부에 의하여 소집통지 대상이 되는 종중원의 범위를 확정하여 임시총회를 소집하였다고 주장하고 있는 점을 알 수 있는바, 사정이 이러하다면, 원심으로서는 족보의 존재 여부 및 그 내용에 관하여 석명을 구하는 등의 방법으로 소외 1이 적법한 총회 소집권자인지, 소집통지 대상이 되는 종중원의 범위가 적법하게 확정되었는지 등에 관하여 더 심리하였어야 한다. 그런데도 이에 관하여 아무런 심리를 하지 아니한 채 위와 같은 가계보 및 종중원 명부만에 의하여 원고 종중의 주장을 그대로 받아들인 원심 판단에는 소집통지 대상이 되는 종중원 범위의 확정 기준에 관한 법리오해, 심리미진 및 채증법칙 위배의 위법이 있다. 이 점을 지적하는 상고인의 상고이유 주장은 옳다. 그러므로 나머지 상고이유에 대한 판단은 생략한 채 원심판결을 파기하고, 사건을 다시 심리·판단하게 하기 위하여 원심법원에 환송하기로 관여 대법관의 의견이 일치되어 주문과 같이 판결한다.

종중의 대표자의 선임과 종중총회의 소집에 관한 일반관습/종중으로부터 문중재정서류 정리 등을 위임받은 준비위원의 임시 종중총회의 소집권한 유무(소극) 및 위 준비위원의 회합에서 선출된 대표자가 적합한 대표자인지 여부(소극) / 대법원 1990. 4. 10 선고 89다카6102 판결 [토지소유권이전등기]

> 판례해설
>
> 모든 총회의 소집권자는 대부분 규약이나 정관에 규정되어 있고 규약이나 정관이 없는 경우 민법에 의해서 결정된다. 더 나아가 종중과 관련해서는 특이하게도 대표자가 아니라고 하더라도 현존하는 연고항존자가 개최를 하거나 그 밖에 연고 항존자로부터 위임을 받은 자 그 외 발의자 중 한 명이 개최할 수 있다고 판시하고 있다.
>
> 대상판결은 기존 판례상 인정된 자가 아닌 종중 총회 준비위원이 임의로 소집하여 개최하였는바 적법한 소집권자가 아니라는 이유로 부적법하다고 판단하였다.

법원판단

1. 원심판결 이유에 의하면 원심은, 원고 종중이 1972.11.21.(음력 10.15.)시제후 관례적으로 개최하는 종중총회에서 준비위원을 선임하고 이 준비위원들이 1973.2.5.자 임시 종중총회를 소집 개최하여 그 총회에서 소외 안 영■을회장으로 선임하였으며, 위 안영■이 원고 종중을 대

표하는 회장으로서 종중 업무를 처리하여 오다가 1985.9.15. 임시 종중총회를 개최하여 종중의 회칙을 통과시키고 회장으로 소외 안영㉠를 선출하였으나 위 임시총회는 통지의 누락등 소집절차상의 문제가 있어 전 회장인 안영■과 새로 선출된 위 안영㉠의 공동명의로 1986.4.27.자 임시 종중총회를 소집 개최하여 위 안영㉠를 회장으로 다시 선출한 사실을 인정하고 소외 안 영㉠를 원고 종중의 적법한 대표자라고 판단하였다.

2. 그러나 <u>종중대표자의 선임은 종중규약이나 종중관례에 따르되 종중규약이나 종중관례가 없을 때에는 종장 또는 문장이 종원 중 성년 이상의 남자를 소집하여 과반수 결의로 선출하는 것이 일반 관습이며 평소에 종장이나 문장이 선임되어 있지 아니한 때에는 현존하는 연고항존자가 문장이 되어 종회를 소집하여야 하는 것으로 이러한 소집권한이 없는 자가 소집한 총회의 결의는 부적법하여 그 효력을 인정할 수 없는 것</u>이다.

먼저 원심이 채용한 갑 제10호증의2(회의잡기록내용) 기재 내용을 살펴보면, 원고 종중이 시제후에 관례적으로 개최한 1972.11.21. 자 종회에서 준비위 원3인을 선임하여 이들에게 종손명의로 된 문중재정서류 정리 등 4개 사항의 처리를 위임키로 결의한 사실이 인정되나 이들에게 임시 종중총회의 소집권한 까지 위임하였다고 볼 근거를 전혀 찾아볼 수 없으므로, <u>이들 중에 문장이 포함되어 있다거나 또는 문장으로부터 그 소집권한을 위임받았다고 볼 만한 사정이 없는 한 이들이 한 임시 종</u>

<u>중총회 소집은 부적법한 것이어서 그 총회의 결의는 효력이 없다</u>고 할 것이다.

또 위 갑 제10호증의2 기재에 의하면, 소외 안영■은 원심판시와 같이 1973.2.5. 자 임시 종중총회에서 회장으로 선임된 것이 아니라 1972.12.18. 자 회의에서 회장으로 선임되었는바, 이 회의의 참석인원은 발기위원 3인과 소외 안문▽ 등 4인에 불과한 점, 창립총회소집일을 별도로 1973. 음력 1.6.로 정한 점, 총회소집통지서에서 위 1972.12.18. 자 회의에서 결정한 초안을 거문적(문중 전체적)으로 가결하기 위하여 총회를 개최코자 한다는 취지를 밝히고 있는점 등에 비추어 보면 위 1972.12.18. 자 회의는 종중원의 총회가 아니라 발기위원 즉 1972.11.21. 자 총회에서 선임된 준비위원의 회합으로 보여지므로,이러한 종중총회가 아닌 회합에서 선임한 대표자를 적법한 종중의 대표하고볼 수는 없는 것이다.

원심으로서는 위와 같은 점들을 좀 더 살펴보고 원고 종중 대표자의 대표권유무를 가려 보았어야 함에도 불구하고 이에 이름이 없이 위와 같이 판단하고 말았음은 종중의 대표자 선임에 관한 법리오해와 증거판단의 잘못으로 판결에 영향을 미친 위법이 있고 이는 소송촉진등에 관한특례법 제12조 제2항 소정의 파기사유에 해당하므로 이 점에 관한 논지는 이유있다.

3. 그러므로 다른 상고이유에 대한 판단을 생략하고 원심판결을 파기환송하기로 하여 관여 법관의 일치된 의견으로 주문과 같이 판결한다.

종회의 적법한 소집권자가 종중원들의 정당한 소집요구에 불응하는 경우 차석의 임원 또는 발기인(종회의 소집을 요구한 발의자들)이 소집권자를 대신하여 종회를 소집할 수 있는지 여부(적극) / 대법원 1993. 3. 12 선고 92다51372 판결 [토지소유권이전등기]

판례해설

민법상 비법인사단의 경우 소수 사원이 총회 소집요구를 하고 이에 대하여 대표이사가 소집을 거부하는 경우 법원 허가 신청을 해야 한다고 규정하고 있다(민법제70조). 그러나 **종중은 특이하게도 비법인사단이기는 하지만 민법의 규정과는 다르게 차석의 임원(이는 민법상의 절차와 동일하다) 또는 발기인 즉 발의를 받았던 발기인이 스스로 총회를 개최할 수 있다고 판시**하고 있다.

법원판단

종중원들이 종중 재산의 관리 또는 처분 등에 관하여 대표자를 새로이 선정할 필요가 있어 종중의 규약에 따라 적법한 소집권자에게 종중의 임시총회의 소집을 요구하였으나 그 소집권자가 정당한 이유없이 이에 응하지 아니하는 경우에는 그 차석의 임원 또는 발기인(위 총회의 소집을 요구한 발의자들)이 소집권자를 대신하여 그 총회를 소집할 수 있다고 보아야 할 것이다(당원 1978.6.13.선고 77다 654 판결, 1980.9.9. 선고, 80다 1215 판결 등 참조). 논지는 요컨대, 종중의 규약상 총회의 소집권자가 소집요구에 불응하는 경우의 소집절차에 관하여 명시의 규정이 없는 한, 소집권자의 차석이 되는 임원이나 문중의 연고항존자만이 총회를 소집할 수 있다는 취지로서, 종중총회의 소집권자에 관한 독자적인 견해 아래 원심판결을 비난하는 것에 불과하므로 이를 받아들일 수 없다.

정당한 소집권자에 의하여 소집되지 아니한 종중총회에서 한 결의의 효력유무(소극) / 대법원 1990. 11. 13 선고 90다카28542 판결 [소유권이전등기]

법원판단

원심판결 이유에 의하면 원심은 그 증거에 의하여 원고종중이 종중의 관례와 적법하게 제정된 규약에 따라 소외 이양▲를 대표자로 선출하여 지금에 이른 사실을 확정하고 원고 종중에 반대하는 피고 및 이기슾의 주도하게1989.6.9. 이른바 전주이씨 양녕대군파대종회라는 종중총회를 개최하여 따로정관을 제정하고 임원을 선출하면서 원고 종중을 비롯한 어떤 명칭의 종회도 발전적으로 해산한다는 결의를 하였다 하더라도 위 종중총회 자체가 종중규약에 따르지 않고 정당한 소집권자에 의하여 소집하지 아니하였음을 들어 그 총회에서 한 위와 같은 결의 등이 아무런 효력이 없다고 판단하였는바 기록에 비추어 원심의 판단은 정당하고 거기에 지적하는 바와 같은 법리의 오해나 채증법칙을 어긴 위법이 없다. 주장은 이유없다.

종중규약에 따르지 않고 적법한 소집권자에 의하여 소집되지 아니한 종중총회에서의 대표자선임결의의 효력 유무(소극) / 종중의 규약이나 관례가 없는 경우 종중총회의 소집통지방법 및 일부 종중원에게 통지를 하지 아니한 채 개최된 종중총회결의의 효력 유무(소극) / 대법원 1992. 11. 27 선고 92다34124 판결 [소유권이전등기]

> **판례해설**
>
> 총회는 적법한 소집권자에 의하여 소집되어야 적법한 것일뿐 적법하지 않은 소집권자가 소집한 총회는 당연무효이다. 문제는 소집권자의 적법성을 어떻게 판단하느냐의 문제이다. 대상판결은 <u>종중 대표가 소집권한이 있고 종원으로서 소집을 하기 위해서는 최소한 종중 대표에게 먼저 소집요청을 해야함에도 오히려 스스로 개최한 것이 문제라는 이유로 부적법한 소집권자라고 판단한 것</u>이다

법원판단

종중 대표자의 선임을 위한 종중총회의 결의가 유효하기 위하여는 그 총회가 적법한 소집권자에 의하여 소집되었을 것임을 요하므로, **종중총회가 종중규약에 따르지 않고 적법한 소집권자에 의하여 소집되지 아니한 경우에는 위 총회에서의 대표자 선임결의는 그 효력이 없다고 보아야 할 것**이다. 원심판결 이유를 기록에 의하여 살펴본바, 원심이 위와 같은 취지에서, 원고 종중의 1991.11.23.자 임시총회는 당시의 종중대표인 소외 이×재를 사임시키고 그 대신 소외 이■재를 새로운 종중대표로 선출하기 위하여 위 이■재 등 26명의 종원들이 규약상 총회의 소집권자인 위 종중대표에 대하여 아무런 소집요구절차를 거치지 아니한 채 일방적으로 그들 공동명의로 소집한 것이라고 인정하고, 이에 터잡아 위 임시총회는 소집권 없는 자가 소집한 경우에 해당되어 **위법**하므로 위 총회에서 새로이 종중 대표로 선임된 위 이■재는 적법한 대표자로 볼 수 없다고 판단한 조치는 옳고, 거기에 소론과 같은 잘못은 없다. 논지는, 원고 종중의 대표자인 위 이×재가 종중재산인 이 사건 계쟁토지의 공유지분권을 고집하고 있는 관계로, 그가 위 토지의 등기부상 소유명의를 원고 종중 앞으로 회복시키기 위한 이 사건 소송의 수행을 목적으로 원고 종중의 새로운 대표자를 위 이■재로 선임하기 위한 위 임시총회의 소집요구에 순순히 응하리라고는 기대하기 어려웠다는 사정을 내세워, 위 종중대표에 대한 소집요구절차의 흠결이 총회결의의 하자사유가 될 수 없는 것이라고 주장하나, 이는 사실심에서 전혀 주장하지 아니한 새로운 주장일 뿐만 아니라, 기록상 위 주장과 같은 사정의 존재사실을 객관적으로 인정할 만한 아무런 자료를 찾아 볼 수 없다. 논지는 이유 없다.

2. 종중총회의 소집통지는 종중의 규약이나 관례가 없는 경우, 소집권자가 총회에 참석할 자격이 있는 종원 중 국내에 거주하고, 그 소재가 분명하여 연락통지가 가능한 종원인 성년 남자[1]에게 적당한 방법으로 통지할 것임을 요하며(당원 1992.2.28. 선고 91다30309 판결 참조), **일부 종원에게 위와 같은 소집통지를 결여한 채 개최된 종중회의의 결의는 그 효력을 부정함이 마땅하고, 설사 그 결의가 통지가능한 종중원의 과반수의 찬성을 얻은 것이라고 하여도 달리 볼 수는 없다 할 것**이다(당원 1992.3.10.선고 91다43862 판결 참조).

원심판결 이유에 의하면, 원심은 위 1991.11.23.자 원고 종중의 임시총회를 개최함에 있어, 당시 소재가 파악된 종원 50명 중 17명에게만 서면에 의하여 소집통지를 하고, 위 총회에 실제로 29명의 종원이 참석하였을 뿐이며, 불참석한 종원 21명 중 적어도 11명에게는 개별적인 소집통지를 전혀 하지 않은 사실을 인정하고, 원고 종중의 규약상에 총회의 소집통지 방법에 관하여 별다른 정함이 없는 이상, 위 임시총회는 이 점에 있어서도 일부 종원에 대하여 소집통지를 결여하여 적법한 소집절차를 거치지 아니한 위법이 있다고 할 것이므로, 그 총회에서 이루어진 종중 대

---

[1] 대법원 전원합의체 판결 전에 선고된 것이기 때문에 성년 남자라고만 표기되어 있습니다.

표의 선임결의는 무효라고 판단하고 있는바, 기록에 의하여 살펴보면 원심의 위와 같은 사실인정과 판단은 모두 정당한 것으로 수긍이 되고, 거기에 아무런 잘못이 있다 할 수 없다. 논지는, 원심이 갑 제14호증(회원명단)에 등재된 원고 종중의 회원 50명 중에 종원 자격을 결여한 자, 특히 단위 세대주가 아니거나 이미 사망한 자가 포함되어 있는 지의 여부를 제대로 심리하지 아니한 허물이 있다고 주장하나, 특별히 원고가 이 점을 적극적으로 주장·입증하지 아니한 이 사건에서 원심이 이를 직권으로 심리하지 않은 잘못이 있다고 탓할 수도 없으며, 또한 전국에 산재하여 거주하고 있는 수많은 사람들을 그 구성원으로 하는 종중의 총회 소집 통지방법에 있어서는 특별한 정함이 없는 한 개별통지를 요하지 않는 것이라고 하는 취지의 주장 역시 독단적인 견해에 지나지 아니한 것으로 받아들일 수 없다. 논지도 모두 이유 없다.

종중 대표자의 선임 방법 및 종중회의 소집권자가 정당한 이유 없이 소집을 거부하는 경우 종중회의를 소집할 수 있는 자 / 대법원 2010. 12. 9 선고 2009다26596 판결 [사해행위취소등]

판례해설

원칙적으로 도시정비법의 조합 총회나 집합건물법상의 관리단 집회는 소집권자가 특정되어 있고 그 소집권한은 다른 자에게 위임할 수 없이 스스로 개최해야만 하는 대표자 또는 소수조합원 고유의 권리이다.

그러나 종중의 법리에서는 예외적으로 **종중의 대표 자격이 있는 연고 항존자가 직접 종회를 소집하지 아니하였다** 하더라도 그가 다른 종중원의 종회 소집에 동의하여 그 종중원으로 하여금 소집하게 하였다면 그와 같은 종회 소집을 권한 없는 자의 소집이라고 할 수 없다고 판시하여 다른 비법인 사단과 다소 다른 판시를 하고 있다.

법원판단

1. 원고 종중이 당사자능력을 갖추지 못하였다는 주장에 관하여

종중이란 공동선조의 후손들에 의하여 그 선조의 분묘수호 및 봉제사와 후손 상호간의 친목을 목적으로 형성되는 자연발생적인 종족단체로서 그 선조의 사망과 동시에 그 후손에 의하여 성립하는 것이며, 종중의 규약이나 관습에 따라 선출된 대표자 등에 의하여 대표되는 정도로 조직을 갖추고 지속적인 활동을 하고 있다면 비법인사단으로서의 단체성이 인정되고, 종중이 비법인사단으로서 당사자능력이 있느냐의 문제는 소송요건에 관한 것으로서 사실심의 변론종결시를 기준으로 판단하여야 하는 것이다(대법원 1991.11.26.선고 91다31661판결, 대법원 2010.3.25.선고 2009다95387판결 등 참조).

원심판결 이유에 의하면, 원고 종중은 1695년 사망한 성주도씨 21세손인 소외 1을 공동선조로 하여 그 후손들로 구성되어 소외 1및 소외 1의 처인 인동장씨와 소외 1의 장남 소외 2의 처인 영산신씨에 대한 묘사

를 지내온 사실, 원고 종중은 위와 같은 공동선조의 분묘수호와 봉제사, 종원 상호간의 친목 등을 위하여 종원들로부터 자금을 출연받아 묘위전·답을 마련하고, 유사를 정하여 종원 출연금과 묘위전·답 및 그 수익금 등의 종중재산을 관리하여 온 사실, 원고 종중은 2005.10.23. 피고들의 이 사건 임야의 매도행위에 대한 대처방안을 논의하기 위한 목적으로 종중총회를 개최하여 종중규약을 제정하고 종중 대표자로 소외 3을 선출한 사실, 소외 4등 원고의 종원들은 이 사건 소송 도중 피고들로부터 위 총회가 연고항존자에 의하여 소집된 것이 아니라는 지적을 받자 연고항존자로 인정되는 소외 5에게 종중총회의 소집을 요구하였음에도 소외 5가 이에 응하지 아니한다는 이유로 차석 연고항존자인 소외 4가 종원들에게 소집통지를 한 후 2007.3.18. 재차 종중총회를 개최하였으며 위 총회에서 2005.10.23.자 종중총회에서 제정한 종중규약을 승인하고 소외 3을 대표자로 다시 선출한 사실 등을 알 수 있다.

이러한 사실관계를 위 법리에 비추어 살펴보면, 원고 종중은 원심 변론종결일인 2008.12.11.당시 비법인사단으로서의 실체를 갖추고 있어 당사자능력이 있다고 할 것이다. 원고 종중의 당사자능력을 인정한 원심의 판단은 그 이유설시에 다소 적절치 아니한 부분이 있기는 하지만 결과적으로 정당하고, 거기에 종중의 당사자능력에 관한 법리오해 등의 위법이 있다고 할 수 없다.

2. 소외 3에게 대표권이 없다는 주장에 관하여

종중의 대표자는 종중의 규약이나 관례가 있으면 그에 따라 선임하고 그것이 없다면 종장 또는 문장이 그 종원 중 성년 이상의 사람을 소집하여 선출하며, 평소에 종중에 종장이나 문장이 선임되어 있지 아니하고 선임에 관한 규약이나 관례가 없으면 현존하는 연고항존자가 종장이나 문장이 되어 국내에 거주하고 소재가 분명한 종원에게 통지하여 종중총회를 소집하고 그 회의에서 종중 대표자를 선임하는 것이 일반 관습이고(대법원 1997.11.14.선고 96다25715판결, 대법원 2009.5.28. 선고 2009다7182판결 등 참조), 종원들이 종중재산의 관리 또는 처분 등에 관하여 대표자를 선정할 필요가 있어 적법한 소집권자에게 종중총회의 소집을 요구하였으나 소집권자가 정당한 이유 없이 이를 소집하지 아니할 때에는 차석 연고항존자 또는 발기인이 총회를 소집할 수 있다(대법원 1993.8.24. 선고 92다54180판결, 대법원 1994.5.10. 선고 93다51454판결 등 참조).

한편 헌법을 최상위 규범으로 하는 우리의 전체 법질서는 개인의 존엄과 양성의 평등을 기초로 한 가족생활을 보장하고, 가족 내의 실질적인 권리와 의무에 있어서 남녀의 차별을 두지 아니하며, 정치·경제·사회·문화 등 모든 영역에서 여성에 대한 차별을 철폐하고 남녀평등을 실현하는 방향으로 변화되어 왔으며, 앞으로도 이러한 남녀평등의 원칙은 더욱 강화될 것이라는 점과 대법원 2005.7.21. 선고 2002다1178 전원합의체 판결 선고 이후부터는 공동선조와 성과 본을 같이 하는 후손은 성별의 구별 없이 성년이 되면 당연히 종중의 구성원이 되는 점, 연고항존자는 종중의 대표자가 선임되어 있지 아니하고 그 선임에 관한 규약이나 관례가 없을 경우 대표자 선임을 위한 종중총회의 소집권을 가지는데 불과하므로 여성이 연고항존자가 된다고 하더라도 이러한 종중사무의 집행에 특별한 어려움이 있다고는 보이지 아니하는 점 등을 종합하여 보면, **위 전원합의체 판결 선고일인 2005.7.21.이후에 대표자를 선임하기 위하여 개최되는 종중총회의 소집권을 가지는 연고항존자를 확정함에 있어서 여성을 제외할 아무런 이유가 없으므로, 여성을 포함한 전체 종원 중 항렬이 가장 높고 나이가 가장 많은 사람이 연고항존자가 된다 할 것이다.** 다만 이러한 연고항존자는 족보 등의 자료에 의하여 형식적·객관적으로 정하여지는 것이지만 이에 따라 정하여지는 연고항존자의 생사가 불명한 경우나 연락이 되지 아니한 경우도 있으므로, 사회통념상 가능하다고 인정되는 방법으로 생사 여부나 연락처를 파악하여 연락이 가능한 범위내에서 종중총회의 소집권을 행사할 연고항존자를 특정하면 충분하다.

원심판결 이유와 기록에 의하면 다음과 같은 사정을 알 수 있다. 원고 종중은 2007.3.18.자 종중총회를 소집함에 있어 소외 5를 연고항존자로 보고 그에게 먼저 소집을 요구하였으나, 원고 종중의 족보(갑 제1호증의 1)에 의하면 원고 종중에는 소외 5와 항렬이 같지만 그보다 나이가 더 많은 소외 6, 소외 7(여), 소외 8(여)등의 종원이 있다. 그런데 우선 소외 6은 비록 족보상 사망 사실이 기재되어 있지 아니하나 사망한 것으로 보인다. 소외 7은 소외 6을 제외할 경우 족보상 가장 나이가 많은 종원이기는 하나, 그녀의 아버지인 소외 9는 원래 소외 1의 동생 소외 10의 후손으로서 원고 종중의 종원이 아닌데, 원고 종중의 종원인 소외 11의 양자로 입적하였다가 1923.12.6.파양하였고 소외 11이 사망한 이후인 1953년경 다시 소외 11가에 사실상 입양되어 소외 11가의 분묘수호와 봉제사 등의 일을 행하여졌지만 입양신고를 하지 않았을 뿐만 아니라 당시는 소외 11에게 장손인 피고 1이 있어 입양이 유효하다고 볼 수 없으므로 원고 종중의 종원이 될 수 없고, 따라서 그 딸인 소외 7역시 원고 종중의 종원이 아니다. 한편 소외 8은 소외 7 다음으로 나이가 많은 종원이기는 하나 오래 전부터 원고 종원들과 연락이 두절된 상태로 현재 그 소재가 파악되지 아니하고 있다.

 이러한 사정을 위 법리에 비추어 살펴보면, 결국 대표자 선임을 위한 종중총회의 소집권을 가지는 원고 종중의 연고항존자를 소외 5로 특정할 수 있고, 따라서 차석 연고항존자인 소외 4가 소외 5를 연고항존자로 보고 그에게 종중총회의 소집을 요구하였다가 그가 이에 응하지 아니하자 자신이 직접 소집 통지를 하여 개최된 원고 종중의 2007.3.18.자 종중총회는 적법한 소집권자에 의하여 개최된 종중총회라고 할 것이다.

 그리고 기록에 비추어 살펴보면, 소외 4는 2007.3.18. 종중총회의 소집을 통지하면서 족보에 의하여 인정되는 종원 중 연락가능한 종원들 모두에게 등기우편 또는 일반우편 등으로 소집을 통지한 사실을 알 수 있으므로 일부의 종원들에게 소집통지를 누락하였다고도 할 수 없다.

같은 취지에서 원심이 원고 종중의 2007.3.18.자 종중총회는 적법하게 소집되었고, 그 총회의 결의에 의하여 선임된 소외 3이 원고 종중의 적법한 대표자라고 본 조치는 정당하고, 거기에 종중총회 결의의 적법성이나 연고항존자,종중의 대표자에 관한 법리오해나 심리미진 등의 위법이 있다고 할 수 없다.

종중의 대표 자격이 있는 연고항존자의 동의하에 다른 종중원이 종회를 소집한 경우, 종회 소집의 효력(=유효) / 대법원 2012. 3. 15 선고 2011다77054 판결 [소유권이전등기]

법원판단

적법한 대표자 자격이 없는 비법인 사단의 대표자가 한 소송행위는 후에 대표자 자격을 적법하게 취득한 대표자가 그 소송행위를 추인하면 행위 시에 소급하여 효력을 갖게 되고, 이러한 추인은 상고심에서도 할 수 있다(대법원 1997. 3. 14. 선고 96다25227 판결, 대법원 2010. 12. 9. 선고 2010다77583 판결 등 참조). 한편 **종중의 대표 자격이 있는 연고항존자가 직접 종회를 소집하지 아니하였다 하더라도 그가 다른 종중원의 종회 소집에 동의하여 그 종중원으로 하여금 소집하게 하였다면 그와 같은 종회 소집을 권한 없는 자의 소집이라고 할 수 없다**(대법원 2005. 7. 15. 선고 2003다61689 판결 등 참조).

원심판결 이유에 의하면, 원심은 그 채택 증거에 의하여 인정되는 판시와 같은 사실에 비추어 볼 때, 원고 종중의 2009. 9. 13.자 종중총회의 결의는 선(선) 항렬 종중원을 제외한 나머지 종중원에 대한 소집통지를 결여하였고, 원고 종중의 2010. 10. 31.자 종중총회는 원고 종중의 연고항존자 등 소집권한 있는 자에 의하여 소집되었다고 보기 어려우므로, 그 각 종중총회에서 소외 1이 원고 종중의 적법한 대표자로 선임되었다거나 소외 1이 원고 종중의 대표자로서 한 이 사건 소 제기 등의 소송행위에 대하여 원고 종중의 적법한 추인이 있었다고 할 수 없다는 이유로, 이 사건 소는 적법한 대표권이 없는 소외 1에 의하여 제기된 부적법한 소라고 판단하였다.

그런데 기록에 의하면, 당심에 이르러 원고 종중의 연고항존자인 소외 2로부터 종중 임시총회의 소집통지권한을 위임받은 소외 3이 원고 종중원 28명 중 통지자를 제외한 나머지 27명에게 2011. 10. 14. 19:00 대전 ○○구 ○○동(지번 생략) 소재 음식점에서 임시총회를 개최한다는 취지의 통지를 한 사실, 원고 종중총회가 위 일시, 장소에서 개최되었는데, 그 총회에서 참석한 종원 16명(위임장 제출 11명 포함) 전원의 찬성으로 소외 1을 원고 종중의 대표자로 선출하고 소외 1이 원고 종중의 대표자로 하여 온 이 사건 소송행위를 추인한 사실을 알 수 있다. 이에 의하면 소외 1은 2011. 10. 14.자 원고 종중총회에서 원고 종중의 대표자로 적법하게 선임되었고 소외 1이 지금까지 원고 종중의 대표자로 한 이 사건 소송행위 역시 모두 행위 시에 소급하여 유효하게 된 것으로 볼 여지가 많다.

따라서 원심으로서는 2011. 10. 14.자 원고 종중총회가 과연 적법하게 개최되었는지 등을 추가적으로 심리하여 볼 필요가 있으므로, 결국 소외 1에게 대표권이 없음을 이유로 이 사건 소를 각하한 원심판결은 더 이상 유지될 수 없다. 이 점을 지적하는 상고이유의 주장은 이유 있다.

그러므로 나머지 상고이유에 대한 판단을 생략한 채 원심판결을 파기하고, 사건을 다시 심리·판단하게 하기 위하여 원심법원에 환송하기로 하여 관여 대법관 의 일치된 의견으로 주문과 같이 판결한다.

문중의 대표자의 선임에 관한 일반관습/ 종장이나 문장의 동의를 얻어 소집권한 없는 종중원이 소집한 종회소집절차의 적부/ 종중총회의 소집통지방법 대법원 1987. 6. 23 선고 86다카2654 판결 [소유권보존등기말소등]

> **판례해설**
>
> 종중 총회 판결 중에서 가장 기본이 되는 판단이다. 대상판결은 종중 대표자 선출에 관한 방법(다만 종원에 여성도 포함된다는 판결이 이후에 나왔으므로 그 부분만 수정하면 충분할 듯 하다), 종중 소집통지의 방법(서면 외 유, 무선 가능), 그리고 종장이 직접 아닌 그의 동의를 얻어 소집을 하는 방법 등 일반적인 민법상의 총회와 약간 다른 방법으로 진행하여도 적법할 수 있음에 유의해야 할 것이다.

법원판단

상고이유를 판단한다.

원심판결 이유에 의하면, 원심은 그 채택한 증거에 의하여 원고종중은 △■황씨 12대손인 황▲(호, 두쇼)를 공동시조로 하는 소종중으로서 성년이상의 남자는 모두 32명인 사실 원고종중은 성문의 규약없이 공동선조들의분묘를 수호하고, 봄,가을로 제사를 지내면서 종중원 상호간의 친목을 도모하는 정도의 활동을 하여 오다가 종중원 황◇열이 전화로 황▼수, 황▲동등9명에게 원고종중의 총회소집을 통지하고 위 전화를 받은 사람들이 나머지 종중원들에게 연락을 하도록 하여 1981.1.9. 원고종중총회를 소집하고 종중원 9명이 모인 그 총회에서 원고종중의 성문규약을 채택하고, 그 규약에 의거하여원고종중의 종손인 소외 황▲동을 원고종중의 대표자로 선출한 사실을 각 인정한 다음 원고종중에 과거부터 종손을 대표자로 정하는 관례가 있었다고 볼수 없고, 또한 위 종중총회에서 소외 황▲동이 원고종중의 대표자로 선출되기는 하였으나 위 종중총회를 소집 통지한 소외 황◇열은 원고 종중의 문장이나 대표자도 아닐뿐더러 위 황◇열은 원고 종중원중 9명에게만 소집통지를 하였으니 위 종중총회는 적법한 소집권자에 의하여 적법히 소집된 총회라고 할 수 없으므로 소외 황▲동은 원고 종중의 적법한 대표자가 될 수 없다고 판단하여 그가 원고 종중을 대표한다 하여 제기한 이 사건 소를 각하하였다.

기록에 대조하여 살펴보면, 원심이 원고 종중에 종손이 원고 종중 대표자가되는 관례가 있다고 볼 수없다 하여 이 주장을 배척한 조치는 정당하다고 시인되고, 거기에 논지가 주장하는 바와 같은 잘못은 없다.

그러나 <u>종중대표자는 종중규약이나 특별한 관례가 있으면 그에 따라 선출하고 그것이 없으면 일반관습에 의하여 종장 또는 문장이 그 종중원 중 성년이상의 남자를 소집하여 출석자의 과반수 결의로 선출하여야 하며, 평소에 종장이나 문장이 선임되어 있지 아니하고 그 선임에 관한 종중규약이나 관례가 없으면 생존하는 종중원중 항렬이 가장높고 나아가 많은 연고항존자가 종장 또는문장이 되는 것이 우리나라의 일반 관습</u>인바(당원 1984.5.29. 선고 83다119,83다카341 판결 참조), 이러한 경우 종장 또는 문장의 자격이 있는 자인 연고항존자 자신이 직접 종회 소집을 하지 아니하였다 하더라도 동인이 어느 종중원의 종회 소집에 동의하여 그 종중원으로 하여금종회를 소집케 하였다면 그와같은 종회 소집을 전혀 권한없는 자의 소집이라고 볼 수는 없다 할 것인바 (당원 1983.2.8. 선고 82다카834 판결; 1985.10.22.선고 83다카2396, 2397 판결 각 참조), 기록에 의하면, 위 원고 종중총회는 원고 종중의 연고항존자인 소외 황▼수를 비롯한 일부 종중원들이 원고 종중총회를 개최하자고 사전 합의하여 위 합의에 따라 개최된 것이라는 취지의 원고의 주장입증이 나타나 있고, 사정이 위와 같다면 소외 황◇열이 원고 종중의 종장이나 대표자가 아니라 하더라도 위 황◇열의 총회소집은 연고항존자의 동의에 의하여 이루어진 적법한 소집으로 볼 수도 있다 할 것이며, 또한 종중총회는 소재가 분명한 모든 종중원에게 소집통지를 하여야 하나 그 방법은 반드시 직접 서면으로 하여야만 하는 것은 아니고 구두 또는 전화로 하여도 되고, 다른 종중원을 통하여 하여도 무방하므로(당원 1978.12.13. 선고 78다1436 판결 참조)원심이 인정한 바와 같이 위 종중총회 소집통지를 한 소외 황◇열이 전화로 원고 종중원중 9명에게만 소집통지를 하였다 하더라도 그들로 하여금 나머지 종중원들에게 연락을 하도록 하여 그들에 의하여 나머지 종중원에게 소집통지가 되었다면 그 총회소집은 적법히 이루어진 것이라고 보아야 할 것이다.

결국 원심이 위와 같은 사실들을 심리하여 소외 황▲동을 원고종중의 대표자로 선출한 위의 원고종중 총회가 적법히 소집된 것인지의 여부를 위의 법리에 따라 가려보지 아니한 채 그 판시와 같은 이유만으로 위의 원고종중 총회에서 선출된 소외 황▲동은 원고종중의 적법한 대표자가 될 수 없다고 판단한것은 종중회의 소집에 관한 법리오해와 심리미진의 위법을 범하였다는 비난을 면할 수 없다 할 것이다.

종원들이 비상대책위원회를 구성하여 종중의 임시총회 소집권자들에게 임시총회의 소집을 요구하였으나 이에 불응하자 직접 소집통지를 하여 임시총회를 개최 가능성(유효) / 대법원 2011. 2. 10 선고 2010다83199,83205 판결

> ### 판례해설
>
> 민법에서나 도시정비법, 집합건물법에서는 소수 조합원이 총회를 개최하기 위해서는 소집동의를 받아 대표자에 대하여 소집요청을 하고 요청을 거부하였을 경우 법원에 소집허가 신청을 하도록 되어 있다.
>
> 그러나 종중은 소수 발기인의 요청에 거부가 있다고 하더라도 법원허가를 받을 필요없이 차석 또는 소집한 종중원 중 대표자가 총회를 개최하면 충분하다고 판시하고 있다.

법원판단

가. 종중◇들이 종중 재산의 관리 또는 처분 등을 위하여 종중의 규약에 따른 적법한 소집권자 또는 일반 관례에 따른 종중총회의 소집권자인 종중의 연고항존자에게 필요한 종중의 임시총회의 소집을 요구하였음에도 그 소집권자가 정당한 이유 없이 이에 응하지 아니하는 경우에는 차석 또는 발기인(위 총회의 소집을 요구한 발의자들)이 소집권자를 대신하여 그 총회를 소집할 수 있는 것이고(대법원 1993.3.12.선고 92다51372 판결, 대법원 1995.6.16.선고 94다53563판결, 대법원 1997.9.26.

선고 97다25279판결 등 참조),반드시 민법 제70조를 준용하여 감사가 총회를 소집하거나 종원이 법원의 허가를 얻어 총회를 소집하여야 하는 것은 아니다(대법원 2006.1.26. 선고 2005다45636판결 참조).

나. 원심이 확정한 사실에 의하면, 이 사건 종중의 종중◇인 소외 5, 소외 6등은 종중 임원들 주도의 종중 재산 매도 및 그 매매대금의 분배에 불만을 품고 2008년 6월경부터 비상대책위원회(이하 '비대위'라고 하고, 이를 구성하거나 이에 동조한 종원을 '비대위 측 종원'이라고 한다)를 구성하여 종중 회장인 피고 1에게 위 매매대금의 분배, 종중 임원 개임 등의 의안을 다룰 종중 임시총회의 개최를 요구하였고, 위 피고가 이를 거부하면서 이 사건 종중은 기존 임원들에 동조하는 종원들과 비대위 측 종원들 사이에 심한 갈등이 발생한 사실, 비대위 측 종원들이 2008년 8월경 이 사건 종중의 회장인 피고 1및 연고항존자 소외 7,차석 연고항존자 소외 8에게 종중 임시총회의 소집을 요구하였으나 위 3인은 이를 거부하였고, 이에 소외 6은 2008.9.3.비상대책위원회 명의로 자신이 파악하고 있는 종원들에게'회장,총무 및 임원진 전원사퇴, 임원진 공금횡령 환수조치문제 등'을 안건으로 한 비상 임시총회 소집을 통지한 사실, 이에 따라 2008.9.6.14:00경 임시총회가 개최되어 "종원 44명이 참석하여 전원 찬성으로 소외 5가 회장으로 선임되었다."는 내용의 총회 회의록이 작성되었고, 곧바로 15:00경 소외 5가 비대위원장 자격으로 총회를 진행하여 "참석 종원 44명 중 34명이 비대위를 인준하였고 기존 임원들은 2008.9.6.부터 자격이 상실되었으며 향후 비대위가 종중 업무를 추진하여 바로잡은 연후에 새로운 임원을 구성해 업

무를 인계하겠다."는 내용의 총회 회의록이 작성된 사실, 이후 소외 5는 2008. 9. 9. 비대위원장 명의로 피고 1등 이 사건 종중의 기존 임원들에게 "비대위가 발족하여 기존 임원을 해임하였으니 추후 종중 업무는 비대위에서 인수하겠다."는 내용의 통지를 하고, 2008.9.25. 비대위 명의로 종원들에게 총회 개최를 통지한 후 2008.10.5.비대위원장 자격으로 총회를 개최한 사실, 한편 피고 1은 비대위와는 별도로 2008.12.22. 종중 회장 지위에서 이 사건 종중의 임시총회를 개최하고, "피고 1은 회장직을 사임하였고, 참석 종원 61명 중 의결권이 부인된 여성 종원 3명을 제외한 58명 중 47명의 찬성으로 소외 9를 신임 회장으로 선임하였다."는 내용의 총회 회의록을 작성한 사실, 이후 소외 9는 2009.3.22. '자금사용에 대한 감사보고, 이사 선임'을 안건으로 한 임시총회를 개최하였는데, 비대위 측 종원들이 다수 참석하여 소외 9에 대한 탄핵안을 발의하고 이에 찬성하는 종원들의 서명을 받자, 위 임시총회는 파행으로 끝난 사실, 비대위 측 종원들인 소외 6,소외 10등은 소외 5의 위임을 받아 2009.3.26. 임시총회 소집통지를 하였고, 2009.4.5. 개최된 임시총회에서 "참석 종원 31명 중 25명의 찬성으로 소외 9를 탄핵하고 소외 10을 신임 회장으로 선임하였다."는 내용의 총회 회의록을 작성한 사실, 한편 소외 9는 별도로 임시총회 소집통지를 하여 2009.4.20.'규약 개정,임원 선임'을 안건으로 한 총회를 개최한 사실, 그러다가 이 사건 소송의 진행 중에 소외 10 및 소외 9를 종중 회장으로 선임한 각 임시총회의 절차상 적법성에 대한 의문이 제기되자, 비대위 측 종원들은 2009.6.15. 피고 1(기존의 회장)및 소외 9(기존 임원진이 새로운 회장이라고 주장하는 사람), 소외 7(연고항존자), 소외 8(차석 연고 항존자)에게 '종중 회장 확정'을 안건으로 한 임시총회의 소집을 요구하였으나, 위 4인은 이를 거절한 사실, 이에 비대위 측 종원들은 이 사건 종중의 족보를 통해 종원을 확정하고 각 종원의 연락처를 조사한 후 2009.6.26. 자신들을 이 사건 종중의 임시총회 발기인으로 하여 여성 종원을 포함한 연락 가능한 종원 261명에게 임시총회 소집을 통지한 사실, 이에 따라 2009.7.5. 개최된 임시총회에 82명의 종원이 참석하였고, 그 중 81명의 찬성으로 "소외 10을 회장으로 선임하고, 종중의 명칭은 '탐❶❶중♡♡♡신평파종회'으로 확정한다."는 내용의 결의를 한 사실을 알 수 있다.

위와 같은 사실관계를 앞에서 본 법리에 비추어 살펴보면, 비대위 측 종원들이 이 사건 종중의 기존 회장 및 연고항존자 등 임시총회 소집권자들에게 종중 재산의 관리, 처분 등과 관련한 대표자 자격시비를 없애기 위하여 임시총회의 소집을 요구한 것은 정당하고, 피고 1등은 정당한 이유 없이 위 소집요구에 불응하였다고 할 것이므로, 비대위 측 종원들이 직접 모든 종원들에게 소집통지를 하여 개최한 2009.7.5.자 임시총회는 특별한 사정이 없는 한 적법하다고 보아야 할 것이다.

다. 그럼에도 원심은 앞에서 본 대법원 판례는 민법 제70조를 적용할 수 없는 특별한 사정이 있거나 위와 같은 방식에 의한 총회의 소집을 허용하지 아니하면 종중이 그 목적을 달성할 수 없게 되는 등 극히 제한적인 경우에 한하여 적용되는 것이라고 전제하고 이 사건에서는 그와 같은 특별한 사정이 인정되지 않는다고 하여 비대위 측 종원들이 소집한 임시총회는 부적법하고 그 총회에서 소외 10을 회장으로 선임한 결의 또한 부적법하다고 하여 독립당사자참가신청을 각하하고 말았으니, 원심판결에는 종중총회 소집권자에 관한 법리를 오해하여 판결에 영향을 미친 위법이 있다고 할 것이다.

종중의 회장을 선출하는 기관인 대의원총회의 소집권자에 관하여 종중 규약에 별도의 규정을 두고 있지 않고, 종중 회장이나 부회장 모두가 공석이거나 그 자격에 다툼이 있어 확정이 곤란한 경우, 대의원총회의 구성원이 아닌 연고항존자에게 대의원총회의 소집권이 있는지 여부(소극) / 광주고등법원 2000. 2. 11 선고 98나8560 판결

판례해설

종중 총회 관련하여 종중 대표자 등이 총회를 개최해 주지 않을 경우 종중 항존자 또는 발의자 대표가 스스로 총회를 개최할 수 있다고 볼 것이나, 대의원 총회와 관련해서는 대의원에 포함되지 않은 자가 연고항존자는 소집권한이 없고 단지 대의원 소집동의를 받은 대표자가 대의원 총회의 소집을 할 수 있다고 판시한 것이다.

법원판단

소외 김@교 및 김▲남에게 피고 종중의 대표자 자격이 없으므로 이 사건 준재심청구는 부적법하다는 원고의 주장에 관하여 보기로 한다.

위 인정 사실과 같이 피고 종중의 규약에 의하면, 회장 등 당연직 이사인 임원은 대의원총회에서 선출하여 총회의 인준을 받고, 각 계파별 2명씩의 대의원으로 구성되는 대의원총회는 대의원의 과반수 출석과 출석대의원 과반수의 찬성으로 결의하도록 되어 있으며, 종중회장이 종친회를 대표하여 회무를 관할하고 각종 회의의 의장이 되도록 되어 있는 한편, 대의원총회의 소집권자에 관하여는 종중규약에 별도의 규정을 두고 있지 아니함을 알 수 있는바, 사정이 이러하다면 **통상의 경우 대의원총회의 소집권자는 회장이고 회장 유고시는 부회장이라 할 것이며, 회장이나 부회장 모두가 공석이거나 그 자격에 다툼이 있어 확정이 곤란한 경우와 같은 특별한 경우에 있어서는 종중규약이나 관례에 따라야 할 것이나 그러한 규약이나 관계가 없다면 대의원총회의 구성원인 대의원이 대의원총회를 소집할 수 있다** 할 것이고, 그와 달리 <u>종중 총회의 소집권자가 공석이거나 그 자격에 다툼이 있어 확정이 곤란한 경우에는 종중의 연고항존자가 종중 총회의 소집권을 갖는다는 관습에 따른 법리를 이 사건에서의 대의원총회에까지 그대로 적용하여 대의원총회의 구성원도 아닌 연고항존자가 대의원총회의 소집권자가 된다고 할 수는 없을 것이다</u>(대법원 1999. 1. 26. 선고 98다33437 판결 참조).

이미 사임한 종중 회장이 신임 회장의 선출 등을 위한 총회를 소집하여 이를 제안할 수 있는지 여부(소극) / 대법원 2006. 10. 27 선고 2006다23695 판결 [종회장자격상실확인]

> **판례해설**
>
> 예전 어떤 대법원 판결에서 임기 종료, 해임, 사임 등 이후 후임자가 선출되지 않았을 경우 후임자 선출때까지 전임자가 민법상 긴급사무처리규정에 의하여 그 직무를 수행할 수 있고 그 직무는 통상적인 직무에 한하기는 하지만 포괄적으로 인정된다. 그러나 **임기 종료 등은 어느 정도 이해할 수 있으나 해임이라든지 그 외 사임등은 도무지 이해할 수 없는 경우**이다. 즉 **해임은 구성원들이 직무수행의 불만으로 해임을 한 것으로서 해임된 이후 재차 직무 수행을 맡기는 것은 해임한 구성원의 의사에 정면으로 반하고 이에 그 이후 대법원 판결에서는 해임된 즉시 그 직무는 정지된다고 판시한 것이다. 더 나아가 사임 역시 적극적 직무 종료의사를 표명하였음에도 그에게 재차 직무수행을 맡기는 것은 긴급사무 처리 권한을 주고자 하는 취지에 반하는 것**이었다.
>
> 대상판결에서 사임의 효력이 발생한 전임자가 소집한 총회에 대하여 부적법한 자가 소집한 총회라는 이유로 무효라고 판시하면서 사임된 자의 긴급사무처리 규정을 인정하지 않은 판결에 해당한다.

법원판단

1. 사임의 효력발생 여부에 관하여

법인격 없는 사단인 종중과 그 기관인 이사와의 관계는 위임에 유사한 계약관계로서 수임자인 이사는 언제라도 사임할 수 있고(민법 제689조 제1항), **이 경우 종중규약 등에 특별한 정함이 없는 한 사임의 의사표시는 대표자에게 도달함으로써 효력이 발생한다고 할 것이며, 종중의 대표자가 사임하는 경우에는 대표자의 사임으로 그 권한을 대행하게 될 자에게 도달한 때에 사임의 효력이 발생하고 이와 같이 사임의 효력이 발생한 뒤에는 이를 철회할 수 없다**(대법원 1991. 5. 10. 선고 90다10247 판결 참조).

이러한 법리를 기록에 비추어 살펴보면, 원심이 이억근은 2001. 11. 10. 열린 대의원총회에서 직무대행 자격이 있는 부회장 중 1인인 이재천에게 이 사건 사직서를 제출함으로써 회장직을 상실하였다고 판단한 것은 정당하여 수긍이 가고 거기에 채증법칙 위배로 인한 사실오인이나 법리오해 등의 위법이 없다.

2. 2002. 3. 3.자 총회결의 효력 여부에 관하여

종중과 같은 비법인 사단의 대표자인 회장의 사임 등에도 불구하고

후임자 등의 선임이 없거나 또는 그 선임이 있었다고 하더라도 그 선임 결의가 무효인 경우, 전임회장으로 하여금 업무를 수행케 함이 부적당하다고 인정할 만한 특별한 사정이 없는 한 전임회장은 후임자 등이 선임될 때까지 종전의 직무를 수행할 수 있다(대법원 2001. 7. 27. 선고 2000다56037 판결 참조). 그러나 <u>권리능력 없는 사단의 임기만료된 대표자의 사무처리에 대하여 유추적용되는 민법 제691조는 종전 대표자가 임기만료 후에 수행한 업무를 사후에 개별적·구체적으로 가려 예외적으로 그 효력을 인정케 하는 근거가 될 수 있을 뿐, 그로 하여금 장래를 향하여 대표자로서의 업무수행권을 포괄적으로 행사하게 하는 근거가 될 수는 없는 것이고</u>(대법원 2003. 7. 8. 선고 2002다74817 판결 참조), <u>사임한 회장의 업무수행권은 종중과 같은 비법인 사단이 정상적인 활동을 중단하게 되는 처지를 피하기 위하여 보충적으로 인정되는 것임에 비추어 별다른 급박한 사정이 없는 한 종회 규약에서 정하고 있는 직무대행자 선출을 위한 것이 아닌 새로운 회장의 선출 등을 위한 총회를 소집하여 이를 제안하는 것과 같은 일은 사임한 회장에게 수행케 함이 부적당한 업무에 해당</u>한다(대법원 1997. 6. 24. 선고 96다45122 판결 참조).

한편, 종중 총회의 소집통지는 종중의 규약이나 관례가 없는 한 통지 가능한 모든 종원에게 적당한 방법으로 통지를 함으로써 각자가 회의의 토의와 의결에 참여할 수 있는 기회를 주어야 하고 일부 종원에게 이러한 소집통지를 결여한 채 개최된 종중 총회의 결의는 그 효력이 없고, 이는 그 결의가 통지 가능한 종원 중 과반수의 찬성을 얻은 것이라고 하여 달리 볼 것은 아니나, 소집통지를 받지 아니한 종원이 다른 방법에 의하여 이를 알게 된 경우에는 그 종원이 종중 총회에 참석하지 않았다고 하더라도 그 종중 총회의 결의를 무효라고 할 수 없다(대법원 1995. 6. 9. 선고 94다42389 판결 참조).

이러한 법리를 기록에 비추어 살펴보면, 원고가 2002. 3. 3.자 총회의 소집통지 내용과 안건 등을 알고 있었을 뿐만 아니라 총회에 출석한 이상 소집통지의 누락이 있었다 하더라도 이를 들어 2002. 3. 3.자 총회결의의 효력이 없다고는 할 수 없으나, <u>회장직을 사임한 이억근이 비록 급박한 경우 종회 사무를 긴급처리할 수는 있다 할지라도 종회 규약상의 직무대행자 선출이 아닌 기존 회장을 유임시키거나 새로운 회장을 선출하기 위한 대의원총회를 소집·제안하는 것과 같은 일은 할 수 없다 할 것</u>이므로 결국 2002. 3. 3.자 총회는 소집권자에 의하지 아니하고 소집된 것이어서 거기서 한 사직서 반려(회장유임 등)결의는 무효라 할 것이다.

원심의 판단은 그 이유설시에 다소 적절치 아니한 부분이 있기는 하나 결과적으로 정당한 것으로 수긍이 가고, 거기에 상고이유의 주장과 같은 판례위반, 종중규약의 적용과 해석에 관한 법리오해, 확인의 이익에 관한 법리오해, 채증법칙 위배로 인한 사실오인 등으로 판결 결과에 영향을 미친 위법이 없다.

3. 2004. 2. 22.자 총회결의 효력 여부에 관하여

기록에 비추어 살펴보면, 2004. 2. 22.자 총회는 정기총회로 보기 어려울 뿐만 아니라 피고 종회의 적법한 대표자라 할 수 없는 이억근에 의하여 소집되었고, 대의원인 원고에 대한 소집통지도 없이 소집되었으며, 또한 원고가 총회에 참석하였다거나 총회개최 사실을 알았다고 볼만한 자료도 없으므로 거기서 한 회장유임결의는 무효라 할 것이다.
 같은 취지의 원심 판단은 정당하여 수긍이 가고, 거기에 상고이유의 주장과 같은 채증법칙 위배로 인한 사실오인, 판례위반 등의 위법이 없다.

종중 정관 규정에 따른 소수 대의원이 법원의 허가를 받아 임시총회를 소집한 경우 종중의 기관으로서 소집하는 것으로 보아야 할 것이고 종중의 대표자라도 위 소수의 대의원이 법원의 허가를 받아 소집한 임시총회의 기일과 같은 기일에 다른 임시총회를 소집할 권한은 없게 된다고 보아야 한다 (대법원 1993. 10. 12 선고 92다50799 판결 [임시총회결의부존재확인])

> **판례해설**
>
> 소수 종중원에 의하여 개최된 종중 총회는 종중의 기관 즉 일시적이나마 종중의 소집권한자로서 개최하는 총회이기 때문에 그 즈음에는 원래의 종중 대표자의 소집권한은 일시적으로 상실되고 결국 소집권자가 진행하는 종중 총회는 무효라는 판시이다

다만 소송 중 대표자는 소수조합원의 총회를 알지 못하였다고 항변할 수 있는 바 소수종중원으로서는 총회 소집통지 직전 종중 대표자에 대하여 이와 같은 사실을 미리 고지하는 것이 소송 중 항변을 반박하는데 유용할 것이다.

법원판단

원고소송대리인 변호사 송기◐의 상고이유 제5, 6, 7, 9점 및 원고소송대리인 변호사 이병▽의 상고이유 제3점을 함께 본다.

(1) 기록에 의하여 살펴보면 소외 정연@은 그의 결의권의 대리행사를 대의원인 정△교(鄭◆敎)에게 위임하고서 위임장에 착오로 '鄭□敎'에게 위임한다고 잘못 기재하였다는 사실을 인정한 원심의 조치는 정당하다고 수긍이 가고 거기에 소론과 같은 채증법칙위배의 위법이 없고, 사실관계가 위와 같다면 피고 종약원의 대의원중에는 '鄭□敎'라는 한자 이름을 사용하는 대의원이 없다고 하더라도 위 정연@의 위임장을 무효라고 볼 수 없으므로 같은 취지로 판단한 원심은 정당하고 거기에 소론과 같은 위법이 없으므로 이 점에 관한 논지는 이유없다.

소론은 위 정연@으로부터 대리권행사를 위임받지 않은 소외 정찬◆가 위 정연@의 결의권을 대리행사하였으므로 그 효력이 없어 위 정연@은 이 사건 임시총회에 출석한 것으로 볼 수 없으므로 결국 이 사건 임시총회는 결의성립에 필요한 정족수가 미달된 총회라고 보아야 할 것임에도 불구하고 원심이 이 점에 관하여 심리를 다하지 아니한 위법 등을 저질렀다고 주장하나, 위와 같은 주장은 사실심 변론종결시까지 주장한 바 없는 새로운 주장이므로 적법한 상고이유가 될 수 없을 뿐 아니라, 원심이 인정한 바와 같이 피고 종약원의 정관이 결의권의 대리행사를 위임한 경우 당해 대의원을 출석한 것으로 규정하고 있다면 위 정연@의 위임장이 유효한 이상 위 정연@의 결의권을 누가 대리행사하였는가에 관계없이 위 정연@은 출석한 것으로 간주되므로 위 주장은 받아들일 수 없다.

(2) 원심판결 이유에 의하면 원심은 원고가 대의원중 소외 정필☆ 등은 같은 날 같은 시각에 열린 이 사건 임시총회와 소외 정해×이 소집한 임시총회에 모두 위임장을 작성하여 주었으므로 후에 작성된 위 정해×이 소집한 임시총회에의 위임장에 의해 이 사건 임시총회에의 결의권행사위임을 무효로 한다는 의사표시가 된 것이라고 주장한 데에 대하여, 피고 종약원 정관 규정에 따른 소수 대의원이 법원의 허가를 받아 임시총회를 소집한 경우 피고 종약원의 기관으로서 소집하는 것으로 보아야 할 것이고 이사장이라도 위 소수의 대의원이 법원의 허가를 받아 소집한 임시총회의 기일과 같은 기일에 다른 임시총회를 소집할 권한은 없게 된다고 보아야 할 것이므로 소외 정해×의 소집에 의한 다른 임시총회는 소집권한이 없는 자에 의해 소집된 임시총회에 불과한 만큼 중복하여 개최된 두 군데 임시총회 모두에 의결권을 위임하였다 한들 적법한 임시총회에의 결의권 대리행사 위임을 임시총회일 이전에 철회하지 아니한 이상 먼저 위임한 적법한 임시총회에의 결의권 위임을 무

효로 한다는 의사가 표시된 것이라고 할 수 없다고 판단하였는바, 원심의 위와 같은 판단은 정당하고 거기에 소론과 같은 위법이 없으므로 이 점에 관한 논지도 이유없다.

(3) 원심판결 이유에 의하면 원심은 소외 정필슈 등은 착오로 이 사건 임시총회에 결의권의 행사를 위임하였다가 그 위임을 취소하였다는 원고의 주장에 대하여, 위 정필슈 등의 의결권의 위임이 착오에 의한 것이라는 점에 부합하는 증거들을 믿을 수 없다 하여 배척하고 달리 위 주장을 인정할 만한 증거가 없을 뿐만 아니라 임시총회일 이전에 취소권을 행사하였거나 철회의 의사표시를 표시하였다는 증거도 없다 하여 위 주장을 배척하였는바, 기록에 의하여 살펴보면 원심의 위와 같은 조치는 정당하다고 수긍이 가고 거기에 소론과 같은 위법이 없으므로 이 점에 관한 논지도 이유없다.

출석 종원의 의미, 총회 장소 등

직선제에 의한 종중의 대표자 선임시 의결정족수의 기준이 되는 출석 종원의 의미(의결 당시 참석자 기준) / 대법원 2001. 7. 27 선고 2000다56037 판결 [회장선임결의무효확인]

판례해설

통상적으로 종중 의결 방식이나 기타 등등의 총회에서 의결 방식은 과반수 출석에 과반수 찬성으로서 과반수 출석에서의 출석 여부는 중요한 요건 중 하나이다. 즉 먼저 **과반수가 출석해야만 개의가 가능하고 출석 인원의 과반수가 찬성하면 결의가 되는 것이다.**

이 사건에서 대상판결은 출석이라고 함은 총회 개최 당시 자리에 있었던 모든 자가 아니라 의결 당시에 비로소 자리에 있었던 자로서 회의 개최 당시에는 있었으나 그 이후 퇴거 등으로 의결 당시 존재하지 않았다고 한다면 출석으로 인정할 수 없다고 판단한 것이다.

법원판단

1. 상고이유 제1점에 대하여

가. 원심판결 이유에 의하면, 원심은 가사 원고가 1997. 4. 24.자 정기총회에서 적법하게 회장으로 선임되었다고 하더라도 원고 및 정○규의

회장 임기 2년이 이미 모두 경과된 상태에서 피고 종중 정기총회 개최발기인인 소외 정♡태 외 4인이 1999. 4. 30. 정기총회를 소집하여 소외 정▽경을 회장으로 선임하는 결의를 하였으므로, 이 사건 소는 과거의 법률관계 내지 권리관계의 확인을 구하는 것에 불과하여 법률상 이익이 없어 부적법하다는 피고의 본안전 항변에 대하여 피고 종중과 같은 비법인사단의 대표자인 회장의 임기가 만료되었음에도 불구하고 후임자의 선임이 없거나 또는 그 선임이 있었다고 하더라도 그 선임결의가 무효인 경우, 전임회장으로 하여금 업무를 수행케 함이 부적당하다고 인정할 만한 특별한 사정이 없는 한, 전임회장은 후임자가 선임될 때까지 종전의 직무를 수행할 수 있다 할 것이고, 이러한 경우에는 전임회장은 그 임기만료 이후로도 직무수행의 일환으로서, 별도의 회장을 선임한 총회 결의의 하자를 주장하여 그 무효확인을 구할 법률상의 이익이 있다고 보아야 할 것이며, 판시 증거들에 의하면, 피고 종중의 약관 제15조, 제17조에는 정기총회는 매년 4월에 회장이 소집하고, 임시총회는 이사회의 결의에 의하여 소집하거나 대의원 50인 이상의 요청이 있을 때 회장이 소집하며, 임원의 선출은 총회 의결사항으로 규정되어 있는 사실, 그런데 피고 종중의 종원인 정♡태 외 4인이 피고 종중의 정기총회 개최발기인이라 자칭하고 1999. 4. 22.자로 발기인 명의의 총회 개최 통보서를 종원 82명에게 발송하고, 이어 같은 달 30일 대전 ○○구 ○○동소재 명동뷔페식당에서 정♡태 외 45명의 종원이 참석한 가운데 피고 종중의 정기총회를 개최하고 그 자리에서 원고 및 정●규의 회장 임기가 2년이 경과됨으로써 모두 만료되었다는 이유로 정▽경을 신임회장으로 선임하는 결의를 한 사실은 인정되나, 나아가 정♡태 외 4인이 피고 종중의 총회를 소집할 권한이 있다는 점에 관하여는 이를 인정할 아무런 증거가 없다는 이유로 위 항변을 배척하였다.

기록에 비추어 살펴보면, 원심의 그와 같은 판단은 정당하고, 거기에 확인의 이익에 관한 법리오해의 위법이 없다.

원심에서 정❶규가 피고 종중의 특별대리인으로 선임되어 소송을 진행한 사실은 기록상 명백하므로, 이와 다른 전제에서 특별대리인을 선임하지 않은 채 피고 종중의 대표자를 정❶규로 하여 제기된 이 사건 소는 확인의 이익이 없다는 상고이유의 주장 역시 이유 없다.

따라서 이 부분 상고이유의 주장은 모두 이유 없다.

2. 상고이유 제2 내지 4점에 대하여

원심은 그 채택한 증거들을 종합하여, 피고 종중은 고려시대 예부상서 중추사를 지낸 광유후(휘 배걸)를 공동시조로 하여 그 후손들로 구성된 대종중으로서 내급사공파, 천호장공파, 대제학공파, 박사공파, 대사성공파 등 5개 지파가 연합하여 조직한 비법인 사단인데, 당시 피고 종중의 회장이던 정❶규가 1997. 4. 24. 대전 용전동 소재 명동뷔페식당에서 제22회 정기총회를 적법하게 소집함에 따라, 위 정기총회는 피고 종중의 가장(家長)인 종원들로서 273명{그중 269명(내급사공파 121명, 천호장공파 52명, 대제학공파 25명, 박사공파 41명, 대사성공파 27명, 파 불명 3명 등)이 참석자명단에 등록하였으나 천호장공파 중 43명은 구체적인 성명 기재가 누락되어 있으며 의사록에는 273명이 참석한 것으로 기재되어 있다}이 모인 가운데 총무부장 정재현의 개회선언과 국기배례, 시조묘 요배, 감사패 수여 등에 이어 당시 회장이던 정❶규의 인사말이 있은 뒤 총무부장의 회무보고, 1996년도 결산보고 및 통과, 감사의 1996년도 감사보고 및 통과, 1996년도 순익분 처분안 통과, 묘소 및 서원수호의 건 등 부의사항에 관한 결의, 예산안 결의 등의 절차를 마친 다음 임원개선에 들어간 사실, 당시 임원개선을 함에 있어서 종원 정□섭이 임시의장으로 추대되어 임원개선결의를 진행하던 중, 회장선임방법에 대하여 종원 정▽경으로부터 각파에서 5인씩 전형위원을 선출하여 회장을 선임하자는 동의안이 제의되어, 재창, 삼창을 거쳐 동의안으로 성립되었고, 이어 종원 정인관으로부터 동의안에 대한 수정안으로 각파에서 3인씩의 전형위원을 선출하여 회장을 선임하자는 안이 제의되어, 재창, 삼창을 거쳐 성립된 후 동의안을 제의한 측에서 위 수정안에 대하여 이의가 없다고 함으로써 당초의 동의안은 철회되어 수정안이 동의안으로 성립되었는데, 한편 종원 정인명으로부터 직선제로 회장을 선임하자는 개의안이 제의되어 재창, 삼창을 거쳐 개의안으로 성립되었는바, 종원 정휘헌이 동의안(간선제)과 개의안(직선제)에 대한 찬부의 표결방법으로 시간도 부족하고 장소도 협소하다는 이유로 의장석을 중심으로 직선제를 찬성하는 사람은 그 좌측에 서고, 간선제를 찬성하는 사람은 그 우측에 서도록 하는 좌석이동방법으로 표결하자고 제의하자 다른 종원들이 이에 찬성하여 위 좌석이동방법으로 표결한 결과, 의장석 좌측에 서 있는 사람들이 그 우측에 서 있는 사람들보다 2배가 넘자 정□섭은 회장선출방법으로 직선제(개의안)가 과반수 찬성으로 통과된 사실을 알리면서 점심식사를 위한 정회와 14:20경 회의 속개를 선포한 사실, 그런데 정회 후 당시 회장이던 정◐규를 포함하여 대사성공파, 박사공파, 대제학공파의 일부 종원들이 직선제에 따른 회장선임방법에 대하여 불만을 표시하고 임시의장인 정□섭의 만류에도 불구하고 회의장에서 일방적으로 퇴장한 사실, 그 후 점심식사를 마치고 임시의장 정□섭은 회의장을 정돈하여 남아 있던 종원들과 함께 위 총회를 속개하여 회장선임절차를 진행함에 따라 신임회장 후보로 종원 정△복이 종전회장인 정◐규를, 종원 정◇걸이 원고를 각 추천하고, 이어 위 후보자들에 대한 거수방법에 의한 투표 결과, 출석종원 173명 중 정◐규가 11표, 원고가 140표, 기권 22표로 나타나자, 정□섭은 원고가 신임회장으로 선임되었음을 선포하고, 이어 나머지 임원들에 대한 선임을 마치고 폐회를 선포한 사실, 그런데 전임회장인 소외 정◐규는 위 1997. 4. 24.자 정기총회의 회장선임결의가 무효라고 주장하면서 원고에게 사무의 인수, 인계를 거부하는 한편, 같은 해 5월 19일 경남 ○○군 ○○면 ○○리 소재 옥전서원에서 또 다시 제22회 정기총회를 소집하여, 그 정기총회에서 종전 임원 전원이 유임하는 것으로 결의하여 정◐규가 피고 종중의 회장으로 피선된 사실, 피고 종중의 약관에 따르면, **피고 종중은 국내외에 거주하는 초계정씨의 가장(家長)으로 이루어진 지방종회의 연합체로서(제2조, 제3조) 총회(대의원회)를 두고(제14조), 임원인 회장은 총회에서 출석인원의 과반수 찬성으로 선임하되 가부 동수일 때는 의장이 결정하**며(제7조, 제8조, 제17조, 제22조), 총회는 회장단 및 이사들과 대의원으로 구성되고 대의원은 지방종회의 회원 50명마다

1명의 비율로 당해 지방종회에서 선출되는데 대의원이 선출되기 전까지는 총회에 출석한 자를 대의원으로 간주한다(제9조 제5호, 제11조)고 규정되어 있는 사실, 그러나 회장 등 임원의 구체적 선출방법에 관하여는 아무런 규정을 두고 있지 않아 회장 등 임원의 선출방법은 관례적으로 정기총회가 개최될 때마다 그 자리에서 종원들의 결의에 따라 정하여져 왔는데 대체로 피고 종중의 5개 지파의 대표들 사이에 의견이 합치되면 곧바로 후보자를 뽑아 총회에 구두로 의견을 물어 선임하고, 합치되지 아니하면 5개 지파에서 같은 수로 선출된 전형위원들이 토의와 표결을 거쳐 회장을 뽑은 다음 총회에 보고하여 특별한 반대의견의 표명 없이 박수로써 선임하여 온 사실을 인정한 다음, 그 인정 사실에 기초하여, 1997. 4. 24.자 피고 종중의 총회에서 출석한 종원들이 직선제로 회장을 선임한 방법이 적법하였는지 여부에 관하여는, **피고 종중은 초계정씨의 가장(家長)들로 구성되어 있으나 그 의사결정기관인 총회에서의 의결권은 회장단 및 이사들과 대의원들에게 있다고 볼 것인데, 대의원이 아직 선출되지 아니한 사실은 당사자 사이에 다툼이 없으므로, 회장을 선임하는 총회에서의 결의는 총회에 출석한 자들의 과반수 찬성으로 정하는 방법에 의함이 상당**하다 할 것이므로, 1997. 4. 24.자 피고 종중의 총회에서 출석한 종원들의 직선제로 회장을 선임한 방법은 적법하다고 판단하였고, 1997. 4. 24.자 정기총회가 폐회된 후에 회장선임결의가 이루어졌는지 여부에 관하여는, 위 정기총회는 회장선임결의 전에 그 선임방법에 관하여 직선제와 간선제를 놓고 표결에 붙인 결과 다수의 종원이 직선제에 찬성하여 직선제가 회장선임방법으로 결정되었음에도 위 정기총회가 정회된 사이에 이에 불만을 품은 대사성공파, 박사공파, 대제학공파 일부 종원들이 임시의장의 만류에도 불구하고 정❶규의 해산유도에 따라 일방적으로 회의장에서 퇴장한 것만 가지고는 위 총회가 폐회되었다고 할 것은 아니며, 위 총회의 정회 후 임시의장인 정□섭이 나머지 종원들과 함께 위 총회를 속개함으로써 적법하게 의사 및 표결이 진행되었다고 볼 것이라고 판단하였고, 1997. 4. 24.자 정기총회의 회장선임결의가 의결정족수에 미달하여 무효로 되는지에 관하여는, <u>직선제에 의한 회장 선출시 의결정족수를 정하는 기준이 되는 출석종원이라 함은 당초 총회에 참석한 모든 종원을 의미하는 것이 아니라 문제가 된 결의 당시 회의장에 남아 있던 종원만을 의미한다고 할 것이므로 회의 도중 스스로 회의장에서 퇴장한 종원들은 이에 포함되지 않는다고 할 것이므로 위 회장선임결의 당시 회의장에 남아 있던 173명만이 출석종원이라 할 것이고, 위 출석종원 중 원고가 140표(피고 주장과 같이 120표라고 하더라도)를 득표하였다면 원고는 출석종원의 과반수 찬성을 얻어 의결정족수를 충족하</u>였다고 판단하였고, 1997. 5. 19.자 정기총회에서의 회장선임결의의 유효 여부에 관하여 1997. 4. 24.자 정기총회가 적법하게 성립되어 그 총회에서 원고가 신임회장으로 유효하게 선임된 이상 위 회장선임결의가 무효임을 전제로 하여 종전회장인 정❶규가 소집한 1997. 5. 19.자 정기총회의 회장선임결의는 소집권한이 없는 자에 의하여 소집된 총회의 결의로서 소집절차에 하자가 있어 부적법하여 무효라고 판단하였다.

    기록에 비추어 살펴보면, 원심의 그와 같은 사실인정과 판단은 정당하고, 거기에 총회의 구성, 총회결의방법, 총회의 의사진행방법 등에 관한 법리오해 내지 채증법칙 위반의 위법이 없다.

또한 총회의 소집통지는 총회에서 의결권을 가지는 회장단 및 이사들과 대의원에게 하면 족한 것이고, 피고 종중의 약관 중 '대의원이 선출되기 전까지는 총회에 출석한 자를 대의원으로 간주한다'는 규정은 총회에 출석한 종원만이 의결권을 갖는다고 해석하여야 할 것인바, 이와 달리 출석 여부와 관계없이 모든 개개의 종원이 총회에서의 의결권을 갖는다는 전제하에 개개의 종원에게 총회소집통지를 하지 않은 1997. 4. 24.자 정기총회의 결의가 위법하다는 상고인의 주장은 이유 없다.

한편, 위와 같이 1997. 4. 24.자 정기총회가 폐회된 후에 회장선임결의가 이루어졌는지 여부에 관한 원심의 판단이 정당한 바에야 원심이, 정◐규가 위 정기총회의 폐회를 선포하였다고 하더라도 임원선출에 관한 회의진행은 정□섭을 임시의장으로 선임하여 그로 하여금 진행시킨 이상 당시 회장이던 정◐규에게 폐회 여부에 관한 종원들의 표결을 거치지 않고 일방적으로 폐회를 선포할 권한은 없다고 판시한 부분은 위 판단에 부가하여 가정적으로 판단한 것에 불과하여 판결 결과에 영향을 미칠 수 없는 것이므로, 원심의 그와 같은 가정적 판단에 관한 나머지 상고이유의 주장도 받아들일 수 없다.

종중 총회의 소집에 있어서 회의의 목적사항 기재의 정도/ 법원의 소집 허가에 의하여 개최된 종중 임시총회에서 결의할 수 있는 사항의 범위 / 대법원 1993. 10. 12 선고 92다50799 판결 [임시총회결의부존재확인]

판례해설

소수 종중원들이 종중 총회를 소집하기 위해서는 최소한 안건은 기본적으로 특정되어야 하고 특정된 안건이 분명하게 나타난 소집통지서가 정관에 규정된 일자 이전에 통지되어야 한다. 이는 안건이 무엇인지 확인하고 어떻게 자신의 의견을 행사하여야 하는지 그 준비를 하기 위해서 필수적이다

더 나아가 법원허가에 의하여 개최된 종중 총회는 당연히 법원 허가 당시 특정된 안건만 진행할 수 있을 뿐 그 이외의 안건에 대해서는 진행시킬 수 없다고 할 것이다

법원판단

1. 원고소송대리인 변호사 송기◐의 상고이유 제1점을 본다

원심이 인정한 바와 같이 대의원 3분의 1 이상의 소집요구가 있을 때에는 이사장은 임시총회를 소집하여야 한다는 피고 종약원의 정관 규정에 의거하여 대의원 총수 146명의 3분의 1이 넘는 66명의 대의원이 피고 종약원의 이사장인 소외 정해×에게 임시총회의 소집을 요구하였으

나 위 정해×이 이를 묵살하자 소외 정찬◆, 정도■ 등 대의원 56명이 서울지방법원 동부지원에 임시총회소집허가를 신청하여 위 법원이 비송사건절차법에 의하여 위 정도■ 등에게 종산 매도대금 부정지출의 관련자들에 대한 책임추궁 및 변상조치사항을 회의의 목적으로 하는 피고 종약원의 임시총회를 소집하는 것을 허가한다는 결정을 하였다면, 가사 위 정해× 등이 종산 매매대금을 부정지출하지 않았음이 수사결과 판명되었는데도 위 임시총회 소집허가신청인인 위 정찬◆ 등은 위 정해× 등이 종산 매매대금을 부정지출한 양 위 법원을 기망하였고 임시총회를 소집할 긴급성이 없었다고 하더라도 위 법원의 결정이 위와 같은 사정에 의하여 무효로 된다고 볼 수는 없으므로 같은 취지로 판단한 원심은 정당하고 거기에 소론과 같은 위법이 없다.

따라서 위 법원의 결정이 무효임을 전제로 하여 위 법원의 결정에 의하여 1990. 4. 30.에 소집된 피고 종약원의 임시총회(이하 이 사건 임시총회라 한다)가 무효라는 소론 주장 역시 받아들일 수 없다.

2. 원고소송대리인 변호사 이병▽의 상고이유 제1점을 본다.

논지는 피고 종약원의 정관에 의하면 피고 종약원의 총회는 임원선출권한은 있지만 임원을 해임할 권한이 없으므로 이 사건 결의중 임원을 해임한다는 부분은 무효라는 것이나, 이는 사실심 변론종결시까지 주장한 바 없고 당심에 이르러 비로소 하는 새로운 주장이므로 적법한 상고이유가 되지 못할 뿐만 아니라, 피고 종약원의 총회에게 임원선출권이 있다면 임원해임권도 있다고 보아야 할 것이므로 논지는 어느모로 보나 이유없다.

3. 원고소송대리인 변호사 송기◐의 상고이유 제2, 3, 4점과 원고소송대리인 변호사 이병▽의 상고이유 제2점을 함께 본다.

종중 총회를 소집함에 있어 회의의 목적사항을 기재하도록 하는 취지는 종중원이 결의를 할 사항이 사전에 무엇인가를 알아 회의에의 참석여부나 결의사항에 대한 찬반의사를 미리 준비하게 하는데 있으므로 회의의 목적사항은 종중원이 의안이 무엇인가를 알기에 족한 정도로 구체적으로 기재하면 족하다고 볼 것인바, 소외 정도■ 등이 법원의 허가에 의하여 이 사건 임시총회를 소집함에 있어 부의사항을 "종산 매도대금 부정지출의 관련자들에 대한 책임추궁 및 변상조치사항 및 기타 총회에서 발의되는 사항"이라고 기재한 것은 피고 종약원의 종중원들이 의안이 무엇인가를 알기에 족한 정도로 구체적으로 기재하였다고 봄이 상당하여 적법하다고 볼 것이므로 이와 반대되는 논지는 이유없다.

그리고 법원의 소집허가에 의하여 개최된 이 사건 임시총회에서는 <u>**법원의 소집허가결정 및 소집통지서에 기재된 회의목적사항과 이에 관련된 사항**</u>에 관하여 결의할 수 있다고 보아야 할 것인바, 원심이 인정한 바와 같이 법원이 허가한 이 사건 임시총회 소집목적은 종산 매도대금 부정지출의 관련자들에 대한 책임추궁 및 변상조치사항이고 이에 기한 소집통지서의 부의안건도 위 사항 및 기타 총회에서 발의되는 사항이었는데 위 임시총회에서 종산 매도대금 부정지출 안건을 논의하다가 일부 대의원의 발의에 의하여 위 정해× 등 피고 종약원 집행부 임원 전원이 종산 매도대금 부정지출에 책임이 있다고 보아 집행부 임원 전원을 불신임하여 해임하고 그 후임자를 선임하는 내용의 이 사건 결의를 하였다면, 이 사건 결의중 위 해임결의는 회의목적인 종산 매도대금 부정지출의 관련자에 대한 책임추궁의 일환으로 이루어진 것이므로 회의의 목적사항이 아닌 사항에 관하여 결의하였다고 볼 수 없고, 또 피고 종중의 집행부 임원을 해임하는 결의를 하였다면 그 후임자를 선임하는 결의는 집행부의 공백을 피하기 위하여 불가피한 것이어서 회의의 목적사항과 관련이 있다고 볼 것이므로 같은 취지에서 원심이 이 사건 결의가 법원의 이 사건 임시총회 소집허가결정 및 이 사건 임시총회 소집통지에 기재된 회의소집목적에 위반한 것이 아니라고 판단한 것은 정당하고 거기에 소론과 같은 위법이 없으므로 이 점에 관한 논지도 이유없다.

평소 피고 종약원 내에서 종산 매도대금 부정지출관련자로 지목된 자는 소외 정해×, 정◆관, 정▽용 뿐이었다거나, 이 사건 결의가 긴급동의의 형식에 의하여 의안으로 상정되었다는 등의 소론 주장의 사정은 원심의 위와 같은 판단을 좌우할 만한 것이 되지 못하고, 또 소론이 들고 있는 당원의 판례들은 이 사건에 원용하기에 적절한 것이 되지 못한다.

그 밖에 소론이 지적하는 원심의 판단부분 즉 원심이 원고를 비롯한 대의원들은 이 사건 임시총회의 소집목적이 실제로 기존 집행부 불신임에 있다는 사정을 알 수 있었다고 추단되므로 위 임시총회에 소외 정해×을 지지한 원고가 이 사건 임시총회에 참석하지 아니하고 오히려 위 정해×이 소집한 별도의 임시총회에 참석한 것은 절차규정에 의한 보호를 포기한 것이어서 이 사건 결의에 하자가 있다고 주장할 수 없다고 판단한 것은, 원심이 이 사건 결의가 법원의 임시총회 소집허가결정 및 임시총회 소집통지에 기재된 회의소집목적에 위반된 것이 아니라는 판단에 부가하여서 한 판단에 불과하므로, 원심의 위와 같은 판단이 정당한 이상, 부가적 판단의 당부는 판결의 결과에는 아무런 영향이 없는 것이고 또 소외 정찬◆ 등이 특별감사결과를 유리하게 이용하여 기존의 집행부를 불신임하려고 하였다는 원심의 사실인정도 원심의 위와 같은 추단과 관련된 것에 불과하므로 판결에 영향을 미친 것이 되지 못한다.

종중 규약에 총회 장소와 관련하여 별도의 규정이 없는 경우 시제 장소를 정기총회 장소라고 인정하여 총회 소집권자의 정기총회 소집통지가 필요하지 않다고 한 사례 / 대법원 1998. 11. 27 선고 97다4104 판결 [종중대표자확인]

판례해설

기본적으로 총회는 종중원들의 의사를 확인할 수 있는 기회이고 이와 같은 기회에 대하여 법원은 최대한 보장하여야 한다는 입장이다. 이와 같은 이유로 **소집통지 당시 일시 장소는 필수적인 요건**이다

다만 대상판결은 이미 장소를 예측할 수 있는 경우에는 예외적으로 장소를 기재하지 않았다고 하여 부적법하지 않다고 판시하고 있으나 대상판결은 종중과 관련된 예외적인 경우로서 종중의 다른 경우나 특히 다른 비법인사단의 총회 공고일 경우 반드시 일시 장소는 반드시 기재하여야 할 것이다

법원판단

원심판결 이유에 의하면 원심은, 그 내세운 증거들을 종합하여 이 사건 종중은 여❶송씨의 시조 송♡익의 7세손인 여@군 송▽을 중시조로 하는 종중으로, 회칙에 정기총회는 매년 음력 10월 초정일(初丁日) 여@군 시제일에 개최하고, 임시총회와 임원회는 회장이 필요하다고 인정하거나 임원 과반수가 회의 개최를 요구한 때에 회장이 소집하되 각 회원에게 개회 1주일 전에 안건을 명시한 회의소집 통지서를 보내야 하며(제9조), 회장은 이 사건 종중을 대표하고 총회와 임원회의 소집권자가 되며 회무를 총괄한다는 내용의 규정을 두고 있는 사실, 1994. 2. 20. 열린 이 사건 종중의 임시총회에서 당시 회장이던 피고를 해임하고, 원고를 회장으로 선임하는 결의가 있었고 피고가 위 결의의 효력을 다투자, 그 해 시제일인 1994. 11. 7. 경북 ○○군 ○○면월×동에 있는 여@군 묘소에 원고 등이 참석한 가운데 정기총회가 개최되고 임시의장으로 선출된 소외 송❶수가 회의를 진행하여, 다시 피고를 회장직에서 해임하고 원고를 회장으로 선출하였고, 한편 피고는 같은 날 시제 장소로부터 약 2km 떨어진 곳으로 그가 정기총회 장소로 통지한 바 있는 위 다산면 월×

동 동사무소에서 시제에 참석하지 아니한 종원들로 정기총회를 개최한 사실 등을 인정한 다음, 위 임시총회는 그 판시와 같은 이유로 적법한 임시총회라고 볼 수 없지만, 따로 개최된 각 정기총회에 관하여는, 이 사건 종중은 회칙 제정 이전부터 매년 음력 초정일(初丁日) 시제일에 제사를 모시고 그 곳에서 종중의 대소사를 의논하여 왔는데, 정기총회에 관한 회칙의 규정 내용은 이를 명시한 것이고, 회칙에 정기총회 장소를 명확히 정한 바는 없으나 그 전후 문맥으로 보아, 정기총회는 시제 장소에서 개최하는 것으로 볼 것이며 실제로 1992년의 경우 등 시제 장소에서 개최하는 것이 관례이며, 종중의 규약이나 관행에 의하여 매년 일정한 날에 일정한 장소에서 정기적으로 종중원들이 집합하여 종중의 대소사를 처리하기로 되어 있는 경우에는 별도의 종중총회의 소집절차가 필요하지 아니하므로, 위 월×동 사무소에서 피고의 소집에 의하여 시제에 참석하지 아니한 일부 종원들로 열린 총회는 회칙 규정에 정한 정기총회의 총회 구성원과 장소에 위반한 회의로서 무효인 반면, 여@군 묘소에서 열린 정기총회가 회칙 규정에 따른 정기총회이고, 결국 피고를 회장에서 해임한 의결은 적법하므로, 피고는 더 이상 이 사건 종중의 대표자로서의 행위를 할 수 없다고 하였다.

기록에 의하여 살펴보면 이 사건 종중은 회칙 제정 전은 물론이고 회칙을 제정한 후{원고가 제출한 회칙(갑 제5호증)에 그 시행일자가 1986. 11. 9.이므로 회칙은 그 무렵 제정되었다고 봄이 타당하고, 원심이 1992. 1. 14. 임시총회에서 회칙이 제정되었다고 한 것은 잘못이라고 하겠으나 이는 판결에 영향을 미쳤다고 볼 수 없다.}에도 시제일에 여@군 묘소에서 제사가 끝난 뒤 시제 참석자들이 종중의 대소사를 논의하여 온 관행이 있었다는 점을 넉넉히 인정할 수 있는바, 이러한 관행이 계속되는 가운데 이 사건 종중이 회칙 제9조에 '정기총회는 매년 음 10월 초정일(礪良君祭享日)에 하고 당일 참석 회원으로 성회한다.'는 비교적 단순한 규정을 두게 된 것은 위 관행을 받아들여 시제일 시제 장소에서의 회의를 정기총회로 한 것이라고 풀이되므로, 회칙에 정기총회의 장소가 명시되어 있지 아니하더라도 이는 시제 장소라고 보충하여 해석할 것이고, 또 회칙이 이와 같이 정기총회는 매년 일정한 일시에 일정한 장소에서 개최되는 것으로 해석되는 이상, 회장이 총회의 소집권자라고 하여, 구태여 정기총회를 소집통지할 필요는 없다고 할 것이고(대법원 1987. 10. 13. 선고 87다카1194 판결 참조), 기록을 살펴보면 1992년부터 회장 명의의 정기총회 소집통지가 행하여지지만 이는 그 해부터 반복되는 회장의 선출과 해임 등 회장의 지위를 둘러싼 분쟁이 계속되는 가운데 자신이 정당한 회장임을 내보이기 위한 방편으로 보일 뿐이므로, 정기총회의 경우 소집관례가 있다고 할 수 없다.

그리고 여@군 묘소에서 열린 총회에 참석하여 원고를 회장으로 선출하는 결의를 한 사람들도 이 사건 종중의 종원임이 기록상 명백한바, 이들이 한편으로는 다른 소종중이나 종중 유사단체의 구성원이라고 하더라도, 이 사건 종중의 종원자격으로 종중의 적법한 정기총회 장소에 참석하여 한 위 결의를 다른 소종중이나 종중 유사단체의 결의라고 할 수는 없다.

따라서 원심이 1994. 11. 7. 소집통지 없이 여@군 묘소에서 시제에 참석한 회원들로 개최된 정기총회가 회칙의 정기총회에 관한 규정에 합당한 것으로서 적법하다고 한 판단은 그 이유 설시에 다소 미흡한 점은 있으나 위와 같은 견해에 따른 것으로 정당하고, 거기에 소론과 같은 회칙상의 회의소집권자, 회칙준용에 관한 각 규정과 회칙에 의한 정기총회 소집관례, 정기총회 소집절차 등에 관한 법리오해나 심리미진 등의 위법이 있다고 할 수 없다.

상고이유의 주장은 모두 이유 없다.

일부 종중원들이 정기총회의 연기를 선언한 종회장의 결정에 반대하여 사전에 정기총회 장소로 지정된 적이 없는 곳에서 별도로 개최한 정기총회는 적법한 장소가 아닌 곳에서 개최된 것으로 위법하다고 한 사례 / 대법원 2001. 10. 12 선고 2001다24082 판결 [예금채권대표자명의변경등]

> **판례해설**
>
> 총회라고 함은 각각의 구성원의 의사를 확인할 수 있는 유일한 기회이기 때문에 법원은 **기본적으로 절차가 적법한지 여부와 시간 및 장소가 적법하게통지되었는지 여부를 가장 중요하게** 고려한다
>
> 이 사건에서도 임의로 총회 장소를 옮겨 결국 구성원이 의사표시를 할 기회를 박탈하였기 때문에 해당 총회는 무효라고 판단한 것이다

법원판단

원고 종중 은 1985년부터 1997년까지 매년 남◇공의 시제를 마친 후 관행적으로 위 남◇공 재실에서 정기총회 를 개최함으로써 **비록 종중 규약에 정기총회 의 장소를 명시하지 않았다고 하더라도 위 남◇공 재실을 정기총회 의 장소로 정하여 왔던 것이라 할 것인바, 그런데도 위 임원회의 결의에 따라 1998. 11. 23. 정기총회 의 연기를 선언한 종회장인 피고에 대하여 반대하는 일부 종중 원들이 사전에 정기총회 장소로 지정된 적도 없는 종중 사무실로 가서 별도로 정기총회 를 개최한 이상 위 임원회의 정기총회 연기결의의 당부와는 관계없이 위 정기총회 는 적법한 정기총회 의 장소가 아닌 곳에서 개최된 것으로 위법하고, 나아가 당시 시제를 마친 후 김△제측에서 종중 사무실에서의 총회 에 참석하라는 고지를 하고 일부 종중 원들이 이에 동조하여 그 총회 에 참석하였다고 하더라도 그것만으로는 정기총회 의 장소를 변경하기로 하는 총회 결의가 적법하게 이루어졌다고 보기 어려울 뿐 아니라,** 위 종중 사무실에서 개최된 정기총회 에서 총회 장소를 위 종중 사무실로 변경한다는 내용의 결의를 하였다고 하여도 이는 이미 적법하지 않게 개최된 총회에서의 결의로서 역시 위법하다고 할 것이며, 또한 종회장인 피고가 정기총회의 연기를 선언하고 그에 따라 상당수의 종중 원들이 정기총회 가 연기된 것으로 알고 돌아가는 등으로 정상적인 정기총회 를 열 수가 없게 된 이상 원고 종중 의 규약에 정해진 종회장의 유고(有故)로 수석부회장이 종회장의 권한을 대행할 사유가 발생하였다고 단정하기도 어려우므로 김▽봉의 주재하에 정기총회 가 개최된 것은 위법하다고 할 것이어서, 위 정기총회 에서의 결의는 어느모로 보나 무효라고 판단하였다. 또한, 김△제를 원고 종중의 종회장으로 선출한 1998. 11. 23.자 종중총회 의 결의가 무효라고 하더라도 김△제는 2000. 10. 31. 개최된 종중총회 에서 다시 원고 종중 의 종회장으로 적법하게 선출되었으니 결국 원고 종중 의 대표자자격을 갖게 되었다는 원고의 주장에 대하여 2000. 10. 31. 개최된 정기총회 는 김△제가 종중 의 정기총회 를 소집·주재할 적법한 자격도 없이 자신을 추종하는 종중 원들만이 참가한 가운데 개최한 것으로서 적법한 정기총회 라고 볼 수 없다고 판단하였다.

종중 규약에 대표자의 해임사유가 정해져 있지 아니한 경우, 정기총회에서 이루어진 임기 중의 대표자에 대한 해임결의가 실질적으로 회칙의 개정에 해당하여 적법하다고 본 사례/대법원 1998. 10. 23 선고 97다4425 판결 [가처분이의]

판례해설

대부분의 정관에서는 해임사유 및 절차가 규정되어 있으나 예외적으로 해임 사유 및 절차가 규정되어 있지 않은 경우 임기 중 해임은 회칙 개정에 해당하고 그에 따른 절차를 진행하여야 한다고 판시하고 있다.

> 약간 특이한 판례이기는 하지만 해임 절차가 별도로 규정되어 있지 않은 종중에서는 해임 절차를 어떻게 진행할지 결정할 수 있는 사례이다.

법원판단

1. 원심판결 이유의 요지는 다음과 같다.

가. 원심은 그 내세운 증거들을 종합하여 다음과 같은 사실을 인정하였다.

여◇송씨 여❶군파 종친회(이하 '종친회'라고만 한다)는 여◇송씨의 시조 송@익의 7세손인 여❶군 송▼을 중시조로 하는 종중으로, 그 회칙에는 정기총회는 매년 음력 10월 초정일(初丁日) 여❶군 시제일에 개최하고, **임시총회와 임원회는 회장이 필요하다고 인정하거나 임원 과반수가 회의 개최를 요구한 때에 회장이 소집하되 각 회원에게 개회 1주일 전에 안건을 명시한 회의소집 통지서를 보내야 하며(제9조), 회장은 종친회를 대표하고 총회와 임원회의 소집권자가 되며 회무를 총괄하고, 부회장은 회장을 보좌하고 회장 유고시에는 연장자순으로 회장직을 대행한다고 규정**되어 있다.

1994. 2. 20. 열린 종친회의 임시총회에서 당시 회장이던 신청인을 해임하고, 피신청인을 회장으로 선임하는 결의가 이루어지자, 신청인은 위 결의의 효력을 다투었는데, 그 해 시제일인 1994. 11. 7. 경북 ○○군 ○○면 월■동에 있는 여❶군 묘소에서 피신청인 등이 출석하여 정기총회를

개최하고 임시의장으로 선출된 소외 송△수가 회의를 진행하여, 다시 신청인을 회장에서 해임하고 피신청인을 회장으로 선출하였다.

한편, 신청인은 같은 날 시제장소로부터 약 2km 떨어진 곳으로서 그가 정기총회 장소로 통지한 바 있는, 경북 ○○군 ○○면월■동 동사무소에서, 위 시제에 참석하지 아니한 다른 종원들과 정기총회를 개최하였다.

그 다음해 시제일인 1995. 12. 2. 여①군 묘소에서 개최된 정기총회에 참석한 회원들은 피신청인을 회장으로 재신임하는 결의를 하였다.

나. 원심은 위와 같은 사실 등을 인정한 다음, 위 임시총회는 적법한 임시총회라고 볼 수 없지만, **위 각 정기총회에 관하여는, 종친회는 회칙 제정 이전부터 매년 음력 초정일(初丁日) 시제일에 제사를 모시고 그 곳에서 종중의 대소사를 의논하여 왔는데, 정기총회에 관한 회칙의 규정 내용은 이를 명시한 것이고, 회칙에 정기총회의 장소를 명확하게 정한 바는 없으나 그 전후 문맥으로 보아, 정기총회는 시제장소에서 개최하는 것으로 볼 것이며, 실제로 1992년의 경우 등 시제장소에서 개최하는 것이 관례이며, 종중의 규약이나 관행에 의하여 매년 일정한 날에 일정한 장소에서 정기적으로 종중원들이 집합하여 종중의 대소사를 처리하기로 되어 있는 경우에는 별도의 종중총회의 소집절차가 필요치 아니한 것**이므로, 위 월■동 사무소에서 신청인의 소집에 의하여 시제에 참가하지 아니한 일부 종원들로 구성된 총회는 정기총회의

총회 구성원과 장소에 관한 회칙 규정에 명백히 위반한 회의로서 무효인 반면, 여◐군 묘소에서 열린 위 각 총회가 회칙 규정에 따른 정기총회이고, 다만 위 회의는 부회장 소외 송▽열이 진행하지 아니한 하자가 있으나 위와 같은 회의진행에 위 송▽열이 찬성한 것이므로 그 하자는 치유되었고, 결국 피신청인이 종친회의 적법한 대표자라고 판단하였다.

2. 상고이유를 본다.

가. 소송대리인의 상고이유(총회 구성원에 대한 점을 제외한 나머지 점) 및 신청인 본인의 상고이유 제2점, 제4점에 대하여 (1) 기록에 의하여 살펴보면, 종친회는 회칙 제정 전은 물론이고 회칙을 제정한 후{원래의 회칙(기록 51면)과 피신청인 측이 개정한 회칙(기록 105면)에 의하면 회칙의 최초 시행일자는 1986. 11. 9.로 일치된다.}에도 시제일에 여◐군 묘소에서 제사가 끝난 후 시제 참석자들이 모여 종친회의 대소사를 논의하여 왔고, 이러한 제향일의 행사는 별도의 소집절차 없이 계속되어 왔으며, 1992년부터 회장 명의의 정기총회 소집통지가 행하여졌는데, 이는 그 해부터 반복되는 회장의 선출과 해임 등 회장의 지위를 둘러싼 분쟁이 계속되는 가운데 자신이 정당한 회장임을 내보이기 위한 조치에 불과함을 알 수 있는바, 시제일에 개최되는 총회 내지 정기총회의 장소 및 소집 관례에 대한 원심의 사실인정은 정당하고, 거기에 상고이유로 주장하는 바와 같은 사실오인, 심리미진 등의 위법이 있다고 할 수 없다.

(2) 따라서, **종친회가 회칙 제9조에 "정기총회는 매년 음 10월 초정일(礪良君 祭享日)에 하고 당일 참석회원으로 성회한다"라는 단순한 규정을 두게 된 것은 위와 같은 관행을 받아들여 시제일의 총회를 정기총회로 한 것이라고 풀이되므로, 위 규정에 정기총회의 장소가 명시되어 있지 아니하더라도 이는 시제장소라고 보충하여 해석할 것이고, 또 정기총회에 관한 회칙 규정이 정기총회는 매년 일정한 날에 일정한 장소에서 개최되는 것으로 해석되는 이상, 회장이 총회의 소집권자라고 하더라도, 구태여 정기총회 소집통지까지 할 필요는 없다**고 할 것이니(대법원 1987. 10. 13. 선고 87다카1194 판결 참조), 원심이 소집통지 없이 개최된 여◐군 묘소에서의 총회 및 그 회의에서 이루어진 결의를 적법하다고 본 것은 정당하고, 거기에 회칙상의 총회소집권자, 회의, 회칙 준용에 관한 규정의 해석, 정기총회소집관례, 정기총회소집결의에 관한 법리오해나 심리미진 등의 위법이 있다고 할 수 없다.

(3) 그리고, 기록과 대조하여 보면, 1994. 11. 7. 여◐군 묘소에서 열린 총회의 진행상황에 대한 원심의 사실인정과 회의 진행상의 하자가 치유되었다고 본 원심의 판단은 모두 정당하고 상고이유에서 주장하는 소외 송@열은 그가 위 정기총회에 참석하였다는 점을 인정할 자료가 없다.

여기에 채증법칙을 위배한 사실오인, 심리미진, 변론주의 위반, 법리오해 등 위법이 있다는 주장은 받아들일 수 없다.

그리고 피신청인을 종친회의 회장으로 선출한 위 정기총회의 결의가 적법한 이상, 1995. 12. 2. 여❶군 묘소에서의 정기총회에 관한 상고이유의 주장은 나아가 살필 필요 없이 이유 없다.

나. 소송대리인의 상고이유 중 정기총회 구성원에 관한 점 및 신청인 본인의 상고이유 제1점에 대하여 여❶군 묘소에서 열린 위 각 총회에 참석하여 피신청인을 회장으로 선출하는 결의를 한 사람들은 모두 여❶군의 후손으로서 종친회의 회원임이 기록상 명백하므로, 이들이 한편으로는 상고이유에서 지적하는 바와 같은 소종중 등의 구성원이라고 하더라도, 종친회원의 자격으로 종친회의 적법한 정기총회 장소에 참석하여 한 위 결의를 다른 소종중 등의 결의라고 할 수는 없다.

원심이 위 결의를 유효하다고 한 것은 위와 같은 판단을 전제로 한 것으로, 거기에 정기총회 구성원 내지 종중의 실체 등에 대한 법리오해나 심리미진의 위법이 없다.

다. 신청인 본인의 상고이유 제3점에 대하여 종친회의 회칙에 따로 해임사유가 규정되어 있지 아니함에도 임기 중에 있는 회장에 대한 해임을 결의한 것은 실질적으로 회칙의 개정에 해당하고, 위 회칙에 회칙 개정에 필요한 총회의 의결정족수가 따로 규정되어 있지 아니하므로, 참석회원의 과반수의 의결로써 회칙 개정이 가능하다고 봄이 상당하다.

기록에 의하면, 신청인에 대한 해임결의는 1994. 11. 7. 정기총회의 참석자 전원의 찬성으로 이루어진 것이므로 이 결의는 유효하고, 또 회칙은 회장의 자격에 제한을 두고 있지 아니하므로 피신청인을 후임 회장으로 선출한 결의를 위법하다고 할 수도 없다.

이와 결론을 같이 한 원심의 판단은 정당하고 종중대표자의 해임과 선임에 관하여 상고이유로 주장하는 바와 같은 사실오인, 법리오해 등의 위법이 없다.

종중 총회 의결정족수, 의결방법 등

종중 규정이나 관례가 없는 경우, 종중총회 결의의 정족수 / 대법원 1994. 11. 22 선고 93다40089 판결 [종중총회결의부존재확인]

판례해설

민사상 그리고 다른 총회에서의 총회 결의 정족수는 통상적으로 과반수 출석에 과반수 찬성이다. 종중 총회 역시 다른 민법상의 규정을 준용하여 정관이나 규약이 없다면 과반수 출석에 과반수 찬성이고 이 과반수의 의미는 1/2를 넘는 수를 말한다고 할 것이다.

법원판단

종중총회의 결의는 특별한 규정이나 피고종친회의 관례가 없는 한 과반수의 출석에 출석자의 과반수로 결정하고, 이때의 과반수라 함은 1/2을 넘어서는 것을 의미한다고 할 것인데, 기록에 의하여 보면, 피고 종중은 일반 안건에 관하여 회원의 과반수 출석에 출석자의 과반수 찬성으로 결정하고 있는바, 1990.1.30.자, 정기총회를 개최할 때에 위임장을 보낸 원심피고 김재×, 김재◎, 김재◇ 및, 김재□등은 유효한 회원이라고 할 수 없어 참석 회원수를 산정함에 있어 이를 제외하면(이들은 직접 출석 회원으로도 이중으로 계산하였다) 위 총회에 참석한 유효한 회원수는 총 회원 18명 중 9명에 불과하여 위 총회의 의사정족수를 채우지 못하였고, 1991.5.26.자 정기총회에서는 당시의 회원 24명(원심피고 박일■가 그날의 회의에서 분가호주로 회원자격을 부여 받았다) 중 회원 김재준을 제외한 23명이 참석한 가운데 정기총회가 개최되어 진행 중 위 김재♡에 반대하는 원고등 유자격 종원 9명이 자진하여 퇴장하고, 원심피고 김재×, 김재◎, 김재◇, 김재□, 한의▽등 5명을 포함하여 나머지 회원 14명이 참석한 가운데 회의가 진행되어 나머지 회원 14명(유자격 회원 9명) 찬성으로 위와 같은 결의를 하였으나, 참석 회원수를 산정함에 있어 자격이 없는 위 원심피고등과 퇴장한 원고측 회원수를 제외하면 위 결의에 참가한 유효한 회원수는 9명에 불과하여 위 총회의 의사정족수를 채우지 못하였다고 볼 여지가 있는데도 원심은 이를 오인하여 위 김재×등을 제외하더라도 위 결의의 의사정족수와 의결정족수를 모두 충족시켜 그 결의방법에 아무런 하자도 없다고 판시하여 판결결과에 영향을 미친 위법이 있다. 이 점을 지적하는 논지는 이유가 있다.

종중대표자의 선임방법 및 출석종원으로 개의하여 출석인원 과반수의 찬성에 의하여 종중결의를 하도록 규정한 종중규약의 효력(=유효) / 종중총회의 결의방법에 있어 위임장 제출방식에 의한 결의권 행사가 허용되는지 여부(적극) / 대법원 1993. 1. 26 선고 91다44902 판결 [토지소유권보존등기말소]

> **판례해설**
>
> 통상적으로 과반수 출석에 출석 과반수 찬성으로 종중이 의결을 할 수 있다. 문제는 출석 종원에 대하여 제한이 없고 출석 종원 과반수로 의결하는 방법이 과연 가능할까 이는 극단적으로 종원이 50명이라고 하더라도 단지 3명이 출석해서 2명만 찬성해도 가능하다는 이야기다.
>
> 그러나 대상판결은 이와 같은 의결방법에 대하여 정관에 규정되어 있는 한 가능하다고 판시한 것으로서 법원으로서는 가급적 종중의 자율성을 존중하는 차원에서 인정한 판결이라는 점을 고려해야 할 것이다.

법원판단

1. 제1점에 대하여

종중은 공동선조의 후손중 성년 이상의 남자를 종원으로 하여 그 선조의 분묘수호와 제사 및 종원 상호간의 친목을 목적으로 형성된 자연발생적인 종족집단체로서 그 성립을 위하여 특별한 조직행위나 성문의 규약을 필요로 하지 아니하는 것이며(당원 1992.9.22.선고 92다 15048 판결 참조), **종중의 대표자를 선임함에 있어서는 종중규약이나 관례에 따르고 규약이나 종중관례가 없으면 일반관습에 의하되 종장 또는 문장이 그 종족중 통지 가능한 성년 이상의 남자를 소집하여 출석자의 과반수결의로 선출하는 것이 우리나라의 일반관습이라 할 것인데 이러한 일반관습에 비추어 볼 때 종중총회의 결의에 관하여 종중규약에 종원 과반수의 출석과 그 과반수의 찬성에 의하도록 규정되지**

않고 출석종원으로 개의하여 출석인원 과반수의 찬성에 의하도록 규정되어 있다고하여 이러한 종중규약의 규정을 무효라고 볼 수는 없다 할 것이고(당원 1985.10.22. 선고 83다카 2396, 2397 판결 참조), 종중총회의 결의방법에 있어 종중규약에 다른 규정이 없는 이상 종원은 서면이나 대리인으로 결의권을 행사할 수 있다 할 것이므로 일부 종원이 총회에 직접 출석하지 아니하고 다른 출석 종원에 대한 위임장 제출방식에 의하여 종중의 대표자선임 등에 관한 결의권을 행사하는 것도 허용된다 할 것이다(당원 1991.11.8. 선고 91다25383 판결 참조). 원심판결 이유에 의하면 원심은, 원고 종중은 그 실체가 인정되지 않을 뿐 아니라 참석종원만으로 총회를 개최할 수 있도록 한 원고 종중의 회칙은 무효이고 소외 조남□은 적법한 대표가 아니므로 동인이 제기한 이 사건 소는 부적법하다는 피고들의 본안전 항변에 대하여, 원고 종중은 오래전부터 그 대표자인 소외 조남□의 9대조 통덕랑(재형)을 공동시조로 선조의 분묘수호와 제사를 위하여 그 후손 중 성년남자들로 구성되어 온 종중으로서 1967.4.2. 당시의 문장인 소외 조범구가 총회를 소집하여 원고종중의 재실에서 개최된 종중회의에서 위 조남□을 회장으로 선출하고 종중규약을 제정하였으며, 위 종중규약에 의하면 종중 대표자는 종중총회에서 선임하는데 총회는 회장이 소집하고 총회의 결의는 회칙개정, 종중기본재산변동에 관한 사항을 제외하고는 출석인원으로 개의하여 출석인원 과반수의 찬성으로 하게 되어 있는 사실, 1986.4.2. 충남 ○○군 ○○면 ○○리 379에서 종원 21명에 의하여 개최된 종중총회와 1989.1.1. 당시의 문장인 소외 조남칠의 소집에 의하여 종원 54명의 출석으로 개최된 임시총회에서 전원의 찬성으로 위 조남□을 다시 종중 대표자로 선출하였으며, 그 후 위 조남□은 통지 가능한 종원 167명에게 임시총회소집통지를 하여 그 중 101명(직접 참석 68명, 위임장 제출 33명)의 참석으로 1990. 3. 4. 개최된 임시총회에서 참석인원 전원의 찬성으로 위 1986. 4. 2. 총회 및 1989. 1. 1. 총회의 각 결의내용을 추인한 사실을 인정한 다음, 원고 종중의 실체가 존재하지 않고 종중규약이 무효라거나 위 조남□이 적법한 대표자가 아니라고 할 수 없다 하여 피고들의 본안전 항변을 배척하였는바, 기록에 비추어 볼 때 원심의 위 인정과 판단은 옳고 거기에 소론과 같은 채증법칙 및 경험칙위반의 위법이나 종중의 실체와 대표자의 자격에 관한 법리오해의 위법이 있다고 할 수 없다. 논지는 이유없다.

2. 제2점에 대하여

원심판결이유에 의하면 원심은, 이 사건 임야는 그 안에 원고 종중의 공동시조인 통덕랑(재형) 내외 및 그 아들 영진의 분묘가 설치되어 있는 원고 종중의 소유로서 1929.9.28. 종손인 소외 망 조달♡에게 그 소유명의를 신탁하여 임야대장에 그의 명의로 등재하여 놓고 1970년경까지는 소외 신창▽에게 그이후부터 1985년경까지는 소외 조남수에게 위임하여 관리하다가 1975년경 원고 종중의 비용으로 소외 망 조달♡의 상속인들인 소외 망 조성◐, 피고 서×순 등 4인의 명의로 위 임야에 관하여 판시와 같은 소유권보존등기절차를 경료한 사실, 원고 종중은 판시 임시총회에서 위 임야를 처분하여 위토답을 마련하기로 결의하고 위 조달♡의 상속인들의 대표자격인 위 조성◐의 협력하에 위 임야를 판시와 같이 매각하여 그 매매대금으로 판시 위토답을 매입한 사실, 위 조성◐도 그 후 사망하여 결국 피고들이 이 사건 임야에 대한 명의수탁인의 지위를 승계한 사실을 인정하였는 바, 기록에 비추어 볼 때 원심의 위 사실인정은 수긍이 되고 그 인정과정에 소론과 같은 채증법칙과 경험칙 내지 논리법칙위반의 위법이나 이유불비의 위법이 있다고 할 수 없다. 논지는 이유없다.

종중규약이나 관례가 없는 경우, 대표자 선임이나 규약 채택을 위한 종중회의의 결의방법 / 대법원 94다17772 판결 [소유권이전등기]

판례해설

대상판결은 종중의 의미와 소종중 지파종중을 판단하는 기준 및 명칭 그리고 종중의 통상 결의 방법에 관한 기본적인 사례에 해당한다

법원판단

제1점에 대하여

종중이란 공동선조의 후손들에 의하여 선조의 분묘수호와 봉제사 및 후손 상호간의 친목도모를 목적으로 형성되는 자연발생적인 친

족단체로서 그 선조의 사망과 동시에 그 자손에 의하여 성립되는 것으로서, 그 대수에 제한이 없고(당원 1992.7.24. 선고 91다42081 판결; 1992.10.27.선고 92다30375 판결 등 참조), 또한 소종중이나 지파종중의 명칭은 중시조의 관직이나 시호 다음에 그 소종중 또는 지파종중의 시조의 관직이나 시호등을 붙여 부르는 것이 일반적인 관행 또는 관습이지만, 종중은 공동시조의 봉제사와 분묘관리 및 그 후손 상호간의 친목을 위하여 자연발생적으로 형성된 종족집단인 점에 비추어 그 종중이 어떠한 종중인가는 그 명칭 여하에 불구하고 봉제사의 대상인 공동시조와 구성원인 후손의 범위 및 분묘관리의 상황 등 그 실체적 내용에 의하여 판단되어야 하는 것이다(당원 1992.5.26.선고 91다42609 판결; 1992.12.11.선고 92다30153 판결 등 참조).

원심판결 이유에 의하면, 원심은 거시 증거에 의하여, 원고 종중은 심극▼를 시조로 하는 풍산심씨 후손 중 19세인 심◇(沈運, 자는 泰而)의 후손인 심×@, 심× 형제가 인천 서구 경서동의 진포리라는 마을에 정착해 살기 시작한 이후 그 후손들 중 성인 남자들로 구성되어 위 심◇을 공동시조로 하고 선조의 봉제사, 분묘수호, 위토관리, 종원의 친목도모를 위하여 자연발생적으로 형성된 소문중으로서 이 사건 토지의 사정 당시 이미 존재하고 있었고, 관습에 따라 그 명칭을 '심◇공파' 또는 '태이공파'라고 하지 않고 23세손인 심×@의 이름을 따서 '석@공파'라는 이름을 사용하였지만, 이는 위 공동시조로부터 심×@의 아버지 심재쇼에 이르기까지 선조들이 모두 독자로 내려오거나 아들을 낳지 못한 채 죽어서 방계자손이 생기지 않다가 22세 심재쇼가 위 심×@ 및 심×을 낳은 후 위 심×이 6형제를 낳는 등 방계자손이 번창하기 시작하여 현재 위 두사람의 자손들만이 위 종중의 구성원을 이루고 있기 때문에 공식적인 종중이름을 지으면서 자손번창의 시점이 되는 세대의 장손인 심×@의 이름을 종중 이름에 붙인 것이라고 인정하였는 바, 관계증거를 기록과 대조하여 검토하여 보면, 원심의 위와 같은 인정 및 판단은 정당한 것으로 수긍이 간다.

논지는 원고 종중이 위 심◇을 공동선조로 하는 종중이라면 위 심◇의 차손인 심최□의 후손도 종중원이 되어야 한다는 것이나, 갑제24호증의 2의 기재에 의하면 위 심◇의 외아들인 소외 심계희는 소외 심최◎ 및 심최□의 형제를 두었으나 차남인 위 심최□는 아들을 낳지 못한 채 사망한 사실이 인정되므로, 위 논지는 받아들일 수 없는 것이다.

따라서 원심판결에는 소론과 같이 종중의 성립에 관한 법리를 오해한 위법이나, 채증법칙을 위배한 사실오인, 이유모순 및 심리미진의 위법이 있다고 할 수 없다. 논지는 이유없다.

종중총회의 결의방법에 있어 위임장 제출방식에 의한 결의권 행사가 허용되는지 여부(적극) / 대법원 2000. 2. 25 선고 99다20155 판결 [소유권이전등기말소등]

> **판례해설**
>
> 통상적 결의 방법에는 직접 출석, 서면결의서 그리고 대리인을 위한 투표이다. 종중총회에서 대리인에 의한 투표 방식이 가능한지 여부가 문제되었고 대상 판결은 통상의 총회와 동일하게 위임장 역시 당사자의 의사가 반영된 것으로 정관에서 특히 제한하고 있지 않는 이상 적법하다고 판단한 것이다.

법원판단

1. **종중의 종원에 관한 세보가 발간되었다면 그 세보의 기재가 잘못 되었다는 등의 특별한 사정이 없는 한 그 세보에 의하여 종중회의의 소집통지 대상이 되는 종원의 범위를 확정함이 상당하다**고 할 것이므로(대법원 1999. 5. 25. 선고 98다60668 판결, 1994. 5. 10. 선고 93다51454 판결 등 참조), 원심이 원고 종중의 세보의 기재에 의하여 원고 종중의 종원이 현재 50명인 사실을 인정한 조치는 정당하고, 거기에 논지가 주장하는 바와 같이 채증법칙에 위반하여 사실을 오인한 위법이 있다고 할 수 없다. 이 부분 피고들의 상고논지는 이유가 없다.

그리고 종중총회는 특별한 사정이 없는 한 족보에 의하여 소집통지 대상이 되는 종중원의 범위를 확정한 후 국내에 거주하여 소재가 분명하여 연락통지가 가능한 모든 종중원에게 개별적으로 소집통지를 함으로써 각자가 회의와 토의와 의결에 참가할 수 있는 기회를 주어야 하고, 일부 종중원에게 소집통지를 결여한 채 개최된 종중총회의 결의는 효력이 없는 것임은 논지가 주장하는 바와 같으나, **그 소집통지의 방법은 반드시 직접 서면으로 하여야만 하는 것은 아니고 구두 또는 전화로 하여도 되고 다른 종중원이나 세대주를 통하여 하여도 무방하다**고 할 것이므로(대법원 1987. 6. 23. 선고 86다카2654 판결, 1978. 12. 13. 선고 78다1436 판결 등 참조), 원심이 그 내세운 증거에 의하여 원고 종중의 1996. 10. 27.자 종중총회 당시 세대주가 아닌 종원들에 대하여는 세대주인 종원을 통하여 연락을 한 사실을 인정한 조치는 정당하고, 상고논지가 주장하는 것처럼 반드시 우편봉투에 세대주가 아닌 종원들의 성명도 복수로 기재하여야만 그들에게 적법한 통지가 있었다고 볼 수 있는 것은 아니라고 할 것이다. 이 부분을 다투는 피고들의 상고논지도 이유가 없다.

또한, **종중총회의 결의방법에 있어 종중규약에 다른 규정이 없는 이상 종원은 서면이나 대리인으로 결의권을 행사할 수 있으므로 일부 종원이 총회에 직접 출석하지 아니하고 다른 출석종원에 대한 위임장 제출방식에 의하여 종중의 대표자 선임 등에 관한 결의권을 행사하는 것도 허용**되므로(대법원 1993. 1. 26. 선고 91다44902 판결, 1991. 11. 8. 선고 91다25383 판결 등 참조), 원심이 원고 종중의 위 총회결의에 있어서 11인의 종원들의 의결권 위임이 유효하다고 판단한 조치는 정당하고, 논지가 내세우고 있는 대법원 판결들은 모두 이 사건과는 관련이 없거나 구체적인 사실관계를 달리 하는 것이어서 인용하기에 적절하지 아니하다. 이 부분을 다투는 피고들의 상고논지 역시 이유가 없다.

2. 원심은 그 내세운 증거들에 의하여, 이 사건 계쟁 임야는 원고 종중의 소유로서 편의상 피고 김동회 등 13인에게 그 소유명의를 신탁하여 둔 사실과 위 임야 중 소외 김동회 명의로 되어 있던 지분에 관하여 피고 장×찬, 임△배, 김×송 앞으로 경료된 각 지분소유권이전등기는 김동회가 위 피고들에게 매도한 일이 없을 뿐만 아니라, 피고 김◇회에게 그 처분권한을 수여하거나 그 처분에 동의한 바도 없음에도 불구하고 그의 의사에 반하여 이루어진 것인 사실 등을 인정하는 한편, 그와 같은 인정 사실에 기초하여 명의수탁자인 피고 김◇회의 위 임야 중 이 사건 계쟁 부분에 대한 점유는 권원의 성질상 자주점유라고 볼 수 없다고 판단하였는바, 관련 증거들을 기록과 대조하여 검토하여 보면 그와 같은 원심의 사실인정과 판단은 모두 정당하고, 거기에 논지가 주장하는 바와 같이 채증법칙 위반으로 인한 사실오인, 명의신탁과 자주점유 등에 관한 법리오해 등의 위법이 있다고 할 수 없다. 이 부분 피고들의 상고 논지도 모두 이유가 없다.

종중 명의신탁 민사사례

[종중 재산 처분에 관한 입증] 종중의 재산을 받기 위한 기본요건 및 종중 재산의 처분이 종중규약에 따라 이루어졌다거나 종중총회의 결의가 있었다는 점에 대한 입증의 방법(대법원 1994. 1. 14 선고 92다28716 판결 [소유권보존등기말소등])

> **판례해설**
>
> 종중 재산에 대한 증여는 종중 재산의 처분행위에 해당하므로 이에 관한 종중총회의 결의가 있어야만 그 효력이 있다고 할 것이고, 종중재산의 관리처분에 관한 종중총회의 결의절차 방법은 먼저 종중규약이나 종중관습에 의하여 종장 또는 문장이 공동선조의 후손을 소집하여 출석한 종중원의 과반수의 결의가 필요하고 원고 종중은 여기에 더 나아가 종중으로서의 단체성을 인정받기 위한 최소한의 요건 즉 <u>최소한 공동선조의 분묘수호 및 봉제사를 목적으로 독자적인 활동을 하는 단체로서의 실체를 갖추고 있어야 할 것인데</u> 원고는 이마저도 입증하지 못하여 기각당한 사례이다.

법원판단

1. 원심판결 이유에 의하면, **원고 종중의 상위 종중인 소외 문화유씨 감찰공파 종중(이하 소외 종중이라고 함)이 그 종중 소유이던 분할

전 ○○시 ○○동94 대지를 원고 종중에게 증여하였고, 원고 종중이 1912.12.20. 그 종손인 소외 망 유하▽에게 명의를 신탁하여 토지사정을 받게 하였으며, 또한 소외 종중은 임야사정 당시인 1922.3.17. 그 종중 소유이던 분할 전 같은 동 산12 임야를 일단 종손인 위 유하▽에게 명의신탁하여 사정받게 하였다가, 1926. 3. 25.경 위 임야 내의 분묘의 분포에 따라 하위 종중에게 분급하기로 하였는데, 그중 분할 전 같은 동 산12의 3 및 산12의 5 임야 부분을 원고 종중에게 증여하여, 원고 종중이 그 명의수탁자를 위 유하▽으로 그대로 두었다는 원고의 주장에 대하여, 원심은 소외 종중이 원고 종중에게 위 토지들을 증여하였다는 점에 대하여 이에 부합하는 듯한 거시증거들만으로는 이를 인정하기에 부족하고, 달리 이를 인정할 증거가 없으며, 또한 **이러한 종중 재산의 증여는 종중 재산의 처분행위에 해당하므로 이에 관한 종중총회의 결의가 있어야만 그 효력이 있다 할 것이고**, 종중재산의 관리처분에 관한 종중총회의 결의절차 방법은 먼저 종중규약이나 종중관습에 의하여 종장 또는 문장이 공동선조의 후손 중 성년남자를 소집하여 출석한 종중원의 과반수의 결의에 의할 것인데, <u>소외 종중이 원고 종중에게 위 토지들을 증여함에 있어 위와 같은 절차와 방식에 의한 소외 종중총회의 결의를 거쳤다는 아무런 증거가 없으며, 종중이 공동선조의 분묘수호와 봉제사 및 종중원 상호간의 친목을 목적으로 구성되는 종족의 자연적 집단으로서 특별한 조직행위를 필요로 하는 것은 아니라 하더라도 최소한 공동선조의 분묘수호 및 봉제사를 목적으로 독자적인 활동을 하는 단체로서의 실체를 갖추고 있어야 할 것인데도</u>, 원고 종중이 소외 종중으로부터 이 사건 토지를 증여받았다는 1912.12.20. 또는 1926.3.25. 이전부터 위와 같은 단체로서의 실체를 가지고 존재하였다고 인정할 아무런 증거가 없고, <u>오히려 원고 종중은 1988.3.15.에 이르러서야 비로소 발기인총회를 열어 종중을 구성하기 시작하여 같은 해 3.22. 종중총회에 의하여 정관을 작성하고 대표자를 선임한 사실을 인정할 수 있을 뿐이므로, 소외 종중이 존재하지도 않는 원고 종중에게 이 사건 토지를 증여할 수 없다는 이유로, 원고 종중이 소외 종중으로부터 이 사건 토지를 증여받아 사실상 소유하고 있음을 전제로 하는 원고의 이 사건 청구를 배척</u>하였다.

2. 상고이유 제1점에 대하여

종중이란 공동선조의 후손등에 의하여 선조의 분묘수호와 봉제사 및 후손 상호간의 친목도모를 목적으로 형성되는 자연발생적인 종족단체이다.

갑제19호증의 112, 162 내지 165의 각 기재에 의하면, 위 산12의 3 임야에는 20세 유동엽으로부터 32세 유백기에 이르기까지 32기의 분묘가, 위 산12의 5 임야에는 27세 유봉규로부터 32세 유홍◎까지 14기의 분묘가 설치되어 있는데, 그 중 위 산12의 5 임야에 설치된 31세 유근익 및 그 배위의 분묘 2기를 제외한(위 유근익은 26세 유필기를 공동선조로 하는 또다른 종중인 필기공파 종중 소속임) 나머지 44기의 분묘는 원고 종중의 공동선조인 26세 유필@의 후손들과 위 유필@에 이르기까지 직계 선조의 분묘들인 사실을 알 수 있고, 갑제19호증의 58, 134의 각 기재에 의하면, 소외 최시□은 원고 종중이 그의 부친때부터 그의 아들에 이르기까지 위 산12의 3 임야에 설치되어 있는 분묘 2기에 대한 위토를 경작 관리하게 하여서 시제를 봉행하여 왔다고 진술하고 있고, 소외 이종래도 원고 종중이 그의 조부때부터 그에 이르기까지 누구의 분묘인지는 모르나 위 산12의 3 임야에 있는 분묘 수기에 대하여 위토를 경작 관리하게 하여서 시제를 봉행하여 왔다고 진술하고 있으며, 원고 종중의 총회소집통지서인 갑제11호증의 기재를 보면 원고 종중이 원심 판시의 발기인 총회 및 종중총회를 개최하기 이전부터 시제를 봉행하고 선조의 분묘를 수호하는 등의 활동을 하여 온 듯이 기재되어 있으며, 또한 뒤에서 보는 바와 같이 피고 유간기가 종산이 종중의 소유임을 인정하는 취지의 각서(갑제19호증의 66)를 작성하여 제출하였던 사실이 있으므로, 원심으로서는 위 산12의 3 임야에 설치되어 있던 분묘에 대하여 시제를 봉행하면서 분묘를 수호하여 온 주체가 위 유하▽이나 그 자손들 개인인지 아니면 종중인지 여부를 가려보고, 그 주체가 종중이었다면 그 종중이 과연 원고 종중인지 여부를 가려 본 다음, **원고 종중이 소외 종중으로부터 이 사건 토지를 증여받았다고 하는 시기에 원고 종중이 종중으로서의 실체**를 가지고 있었는지 여부를 판단하였어야 할 것임에도, 이에 이르지 아니하고 거시증거들만으로 원고 종중이 1988.3.15.의 발기인 총회와 같은 해 3.22.의 종중총회에 의하여 비로소 종중으로서의 실체를 갖추게 되었다고 인정하였음은 종중의 성립에 관한 법리를 오해하였거나 심리를 다하지 아니한 채 채증법칙을 위반하여 사실을 인정한 위법이 있다고 할 것이고, 이를 지적하는 논지는 이유있다.

[명의신탁 요건]종중과 종원등 등기명의인 사이에 토지에 관한 명의신탁을 인정할 수 있는 요건 / 대법원 2000. 7. 6 선고 99다11397 판결 [토지소유권이전등기]

> **판례해설**
>
> 종중과 종중원 간의 명의신탁을 인정할 수 있는 최소한의 기준을 설시한 사례이다.

법원판단

종중과 종중원 등 등기명의인 사이에 어떤 토지에 관한 명의신탁 여부가 다투어지는 사건에 있어서, **일단 그 토지에 관하여 등기명의인 앞으로 등기가 경료될 당시 어느 정도의 유기적 조직을 가진 종중 이 존재한 사실이 증명되고,** 그 다음 그 토지가 종중 의 소유로 된 과정이나 내용이 직접 증명된 경우는 물론 등기명의인과 종중과의 관계, 등기명의인이 여럿이라면 그들 상호간의 관계, 등기명의인 앞으로 등기가 경료된 경위, 시조를 중심으로 한 종중 분묘의 설치상태, 분묘수호와 봉제사의 실태, 그 토지의 규모와 관리상태, 그 토지에 대한 수익의 수령·지출관계, 제세공과금의 납부관계, 등기필증의 소지관계 등 여러 정황에 미루어 그 토지가 종중 소유라고 볼 수밖에 없는 **상당한 자료가 있는 경우**라면, 그 토지가 종중의 소유로서 등기명의인 앞으로 명의신탁 한 것이라고 인정할 수 있다.

[소유권보존등기의 추정력] 종중과 종중원 등 등기명의인 사이에 토지에 관한 명의신탁이 인정되는 경우 및 명의신탁의 인정 여부를 판단하는 방법/ 소유권보존등기 명의인 이외의 자가 당해 토지를 사정받은 것으로 밝혀지고 명의인이 구체적인 승계취득 사실을 주장·증명하지 못하는 경우, 등기가 원인무효인지 여부(적극) / 대법원 2018. 2. 13 선고 2015다209163 판결 [소유권보존등기말소등]

판례해설

종중 관련 명의신탁 사건은 다른 명의신탁 사건과 다르게 명의신탁 관계임을 증명할 서류가 극히 미비하고 법원은 이와 같은 사정을 고려하여 명의인 앞으로 **등기가 경료된 시점에 종중의 실체가 있는지** 여부 그 외 등기 명의인이 여럿이라면 등기 명의인간의 관계, 등기 명의인 앞으로 등기를 하게 된 경우 시조를 중심으로 한 분묘 설치의 실태 등 종합적으로 고려하여 판단하게 된다

법원판단

상고이유를 판단한다.

1. <u>종중과 종중원 등 등기명의인 사이에 토지에 관한 명의신탁이 인정되는지 여부는 등기명의인 앞으로 토지에 관한 등기를 할 무렵 어느 정도 실체와 조직을 가진 종중이 존재하고 그 토지가 종중의 소유로서</u>

등기명의인에게 명의신탁을 하였다는 점이 증명되었는지에 따라 결정된다. 다만 종중과 등기명의인 사이에 명의신탁약정이 있는지를 직접 증명할 수 있는 서류 등이 없는 경우가 대부분이기 때문에 토지가 종중의 소유로 된 과정이나 내용이 직접 증거에 의하여 증명된 경우는 물론 그 토지가 종중 소유라고 보기에 충분한 자료가 있는 경우라면, 그 토지가 종중의 소유로서 등기명의인 앞으로 명의신탁한 것이라고 인정할 수 있다. 이때 명의신탁의 인정 여부는 등기명의인과 종중의 관계, 등기명의인이 여럿이라면 그들 상호간의 관계, 등기명의인 앞으로 등기를 하게 된 경위, 시조를 중심으로 한 종중 분묘의 설치상태, 분묘 수호와 봉제사의 실태, 토지의 규모와 관리상태, 토지에 대한 수익의 수령·지출관계, 제세공과금의 납부관계, 등기필증이나 등기필정보의 소지관계 등 여러 정황을 종합하여 판단하여야 한다(대법원 2000. 7. 6. 선고 99다11397 판결 등 참조).

원심은 창녕조씨 문장공파 거제종회(이하 '이 사건 종중'이라 한다)가 소외 1을 시조로 하는 창녕조씨 중 33세손 소외 2를 공동선조로 하는 후손 모두를 구성원으로 하는 종중으로서, 일제 강점기 무렵부터 묘사(墓祀)를 지내고 대표자를 선출하며 회의를 개최하는 등 여러 활동을 한 점을 들어 이 사건 부동산이 사정될 무렵부터 어느 정도 유기적 조직을 가진 단체로서 존재하였다고 인정하였다.

나아가 원심은 ① 구 임야대장에 소유권을 이전받았다고 등록된 명의인들과 사정명의인이 모두 소외 2의 후손들이고, 특히 사정명의인 소외 3은 1936년경 종중의 대표자로 선출된 사람인 점, ② 이 사건 부동산에는 선대의 분묘 20여 기가 설치되어 있는 점, ③ 위 후손들은 위 부동산을 갓 안에 쓰는 탕건(宕巾)과 같은 모양이라며 '갓안'이라고 불러왔고, 이 사건 종중이 세금을 부담하는 등 부동산을 관리해 온 점 등 여러 사정을 들어, 이 사건 종중이 사정명의인 소외 3을 거쳐 1970년경 구 임야대장상 명의인인 소외 4, 소외 5, 소외 6에게 각 1/3 지분 범위에서 이 사건 부동산을 명의신탁하였다고 판단하였다.

원심판결 이유를 위에서 본 법리와 기록에 비추어 살펴보면, 위와 같은 원심의 사실인정과 판단에 상고이유의 주장과 같이 논리와 경험의 법칙에 반하여 자유심증주의의 한계를 벗어나거나 종중과 명의신탁에 관한 법리오해, 이유모순 등으로 판결에 영향을 미친 잘못이 없다.

2. <u>소유권보존등기의 추정력은 보존등기 명의인 이외의 자가 당해 토지를 사정받은 것으로 밝혀지면 깨지는 것이어서 등기명의인이 그 구체적인 승계취득 사실을 주장·증명하지 못하는 한 그 등기는 원인무효이다</u>(대법원 1996. 6. 28. 선고 96다16247 판결 등 참조).

원심은, 이 사건 부동산에 관하여 소외 0가 00-0. 12. 19. 단독 명의로 소유권보존등기를 마쳤으나 원래는 소외 3이 사정받은 토지임을 인정한 다음, 위 소유권보존등기의 추정력이 번복되었다고 보았다. 나아가 피고들이 소외 3으로부터 이 사건 부동산을 승계취득하였음을 인정할 만한 증거가 없다는 이유로 소외 4 명의의 소유권보존등기는 원인무효라고 판단하였다.

이러한 원심의 판단은 위 법리에 따른 것이다. 한편 위에서 보았듯이 이 사건 종중이 1970년경 소외 4, 소외 5, 소외 6에게 부동산의 각 1/3 지분을 명의신탁하기로 하였다고 보는 이상, 1/3 지분의 범위에서 소외 4 명의의 소유권보존등기가 명의수탁자의 등기로서 실체관계에 부합하는 유효한 등기가 되었다고 볼 수 있다. 그러나 원고들이 이 사건 종중과 소외 3의 상속인을 순차 대위하여 말소를 구하는 등기는 소외 5, 소외 6이 이 사건 종중으로부터 명의신탁받았던 나머지 2/3 지분 중 일부이므로, 그 범위에서는 소외 4 명의의 소유권보존등기가 원인무효이기 때문에 소외 4의 포괄승계인인 피고들이 승계취득 사실을 주장·증명하지 못하는 한 실체관계에 부합하는 등기라고 볼 수 없다.

피고들은 구 임야대장상 공동명의인인 소외 5, 소외 6의 협조를 받아 유효하게 소유권보존등기를 마쳤다고 주장한다. 그러나 피고들은 소외 4가 종중으로부터 명의신탁받은 사실부터 다투고 있어 이 사건 종중의 명의수탁자에 해당하는 소외 5, 소외 6으로부터 어떠한 원인으로 소유권을 취득하였다는 것인지 알 수 없으므로, 피고들이 소외 4의 승계취득 사실을 증명하지 못하였다고 본 원심의 판단 역시 수긍할 수 있다.

위와 같은 원심의 판단에 상고이유의 주장과 같이 논리와 경험의 법칙에 반하여 자유심증주의의 한계를 벗어나거나 소유권보존등기의 추정력과 증명책임에 관한 법리를 오해한 잘못이 없다.

[위토. 종산인 경우 판단] 종중의 종원에 대한 명의신탁 여부의 판단 기준/ 임야에 종중의 분묘가 있거나 위토 또는 종산이라는 사실만으로 종중의 소유로 볼 수 있는지 여부(소극)/대법원 1997. 10. 10 선고 96다15923 판결 [소유권이전등기등]

판례해설

등기가 경료되면 등기의 추정력이 적용되고 추정력이 있기 때문에 추정력을 번복할 정도의 증명이 필요하고 종중의 명의신탁과 관련해서는 종중의 분묘가 있거나 위토 또는 종산이라는 사실만으로 명의신탁이 인정될 수 없다는 사례이다.

법원판단

어떤 임야가 종중의 소유인데 종원인 개인 명의로 신탁하여 등기를 마친 것이라고 인정하기 위하여는 **그 임야가 종중의 소유로 된 과정이나 내용이 증명되거나 종중 시조를 중심으로 한 종중 분묘의 설치 방법이나 임야 관리 상태 등 여러 정황에 미루어 그 임야를 종중 소유로 인정할 수 밖에 없는 많은 간접 자료**가 있어야 할 것이고, 그와 같은 자료들이 충분히 증명되지 아니하거나 오히려 반대되는 사실의 자료가 많을 때에는 이를 인정하여서는 아니되며(대법원 1994. 10. 25. 선고 94다29782 판결, 1997. 2. 25. 선고 96다9560 판결 등 참조), **계쟁 임야에 공동 선조의 분묘가 있다거나 위토 또는 종산이라는 사실만으로는 이를 종중 소유로 볼 수 없다**고 할 것이다(대법원 1992. 12. 22. 선고 91다15324 판결, 1994. 10. 7. 선고 94다28048 판결 등 참조). 원심판결 이유에 의하면 원심은, 이 사건 각 임야는 원래 원고 종중의 소유인데 종원인 피고들 명의로 신탁하여 등기를 마친 것이라는 원고의 주장에 대하여, 그 주장에 부합하는 듯한 원심 판시의 간접 사실들에도 불구하고, 그 판시한 바와 같은 여러 가지 반대 사실 등에 비추어 보면 위 원고의 주장을 인정하기는 어렵다는 이유로 원고의 피고들에 대한 청구를 모두 배척하였는바, 관계 증거를 기록에 의하여 살펴보면 위와 같은 원심의 사실인정 및 판단은 정당한 것으로 수긍이 가고, 거기에 상고이유로서 지적하는 바와 같이 종중재산의 소유관계에 관한 법리를 오해하거나 심리를 제대로 하지 아니하고, 채증법칙을 어겨 사실을 오인함으로써 판결에 영향을 미친 위법이 있다고 할 수 없다.

[명의신탁에서 주장·입증책임] 어느 재산이 종중재산임을 주장하는 자가 주장·입증하여야 할 내용, 방법 및 그 정도/ 대법원 1998. 7. 10. 선고 96다488 판결 [소유권이전등기말소]

판례해설

어느 재산이 종중재산임을 주장하는 당사자는 그 재산이 종중재산으로 설정된 경위에 관하여 주장·입증을 하여야 할 것이나 이는 반드시 명시적임을 요하지 아니하며, 어느 재산이 종중재산이라는 주장·입증 속에 그 설정 경위에 관한 사실이 포함되어 있다고 볼 수 있으면 족하고, 그 설정 경위의 입증은 간접사실 등을 주장·입증함으로써 그 요건사실을 추정할 수 있으면 족하다.

대상판결은 종중의 재산임을 인정받기 위하여 필요한 법원에서의 입증의 정도에 관한 판결이다.

법원판단

<u>어느 재산이 종중재산임을 주장하는 당사자는 그 재산이 종중재산으로 설정된 경위에 관하여 주장·입증을 하여야 할 것이나 이는 반드시 명시적임을 요하지 아니하며 어느 재산이 종중재산이라는 주장·입증 속에 그 설정 경위에 관한 사실이 포함되어 있다고 볼 수 있으면 족하고 그 설정경위의 입증은 간접사실 등을 주장·입증함으로써 그 요건사실을 추정할 수 있으면 족</u>하다(위 92다18146 판결, 95다16103 판결, 95다44283 판결 각 참조).

원심은, 위 종친회가 6개 정도의 종산을 소유하고 있다가 그 중 충남 (주소 1 생략) 임야(원심판결 별지 제1, 2목록 기재 토지의 분할 전 토지)

와 충남 홍성군 (주소 2 생략) 임야(원심판결 별지 제3, 4목록 기재 토지의 분할 전 토지)를 종중원인 소외 2 명의로 사정받고 원심판결 별지 제5, 6목록 기재 토지를 국가로부터 매수함에 있어서도 위 소외 2 명의로 소유권이전등기를 한 사실, 소외 2가 종중토지를 담보로 제공하는 등의 행위를 하므로 위 종친회는 1933. 9. 15.경 위 (주소 1 생략) 임야에 관한 소유명의자를 위 소외 2에서 그 종중원인 소외 3 등 9인으로 변경한 사실, 위 소외 3이 빚이 많아 그 지분이 강제경매에 의하여 소외 4에게 경락되자 위 종친회가 그 지분을 매수하여 종중원인 소외 5 명의로 소유권이전등기를 한 사실, 원고 2가 이사로 선임되어 있던 위 종친회가 1978. 경 그 원시규약 초안을 작성하면서 이 사건 각 토지를 위 종친회의 기본재산으로 명시한 사실, 원고 2가 1985.부터 1989.까지 이 사건 토지 중 일부의 도로편입보상금을 수령하여 위 종친회에 입금하는 등 이 사건 각 토지가 위 종친회의 소유임을 인정하는 여러 행동을 한 사실 등을 인정한 후, 이 사건 각 토지의 분할 전 토지는 위 종친회가 위 소외 2에게 명의신탁하였던 것이라고 판단하였는바, 기록에 의하여 살펴보면 원심의 위 사실인정과 판단은 모두 정당한 것으로 수긍되고, 거기에 상고이유에서 주장하는 바와 같은 채증법칙 위배, 심리미진, 이유불비 등의 위법이 없다. 이에 관한 상고이유의 주장도 이유 없다.

[토지조사부의 추정력] 토지조사부나 임야조사부의 소유자란 등재의 추정력/ 사정명의인이 타인의 명의신탁 주장에 대하여 사정 이전의 취득 경위에 대하여 주장하였으나 입증하지 못한 경우, 당연히 명의신탁 사실을 인정하여야 하는지 여부(소극) / 대법원 1998. 9. 8., 선고, 98다13686 판결

판례해설

이미 대법원 **전원합의체 판결을 통하여 토지조사부 또는 임야조사부에 소유자로 등재된 자는 토지 소유자로 사정받고 그 사정이 확정된 것으로 추정되며 이를 번복하기 위해서는 상대방이 반증 정도의 입증책임**을 부담한다. 즉 소유자로 등재된 자가 등재 경위에 관하여 주장을 하였으나 입증을 하지 못하였다고 하더라도 이로서 추정이 번복되는 것이 아니라 상대방의 주장에 대하여 부인한 것에 불과하고 결국 종중으로서는 명의신탁 사실을 입증하여야 한다.

물론 여러 판결에서 보는 바와 같이 종중 명의신탁의 경우에는 다른 추정력과 달리 간접 사실만으로 그 추정력을 번복시킬 수 있다고 판시한 것이다.

법원판단

1. <u>원고 소송대리인의 상고이유 제1점, 제2점, 원고의 상고이유 제2점에 대하여 토지조사부나 임야조사부에 소유자로 등재된 자는 재결에 의하여 사정 내용이 변경되었다는 등의 반증이 없는 이상 토지의 소유</u>

자로 사정받고 그 사정이 확정된 것으로 추정되며, 토지의 사정을 받은 자는 그 토지를 원시적으로 취득하므로(대법원 1984. 1. 24. 선고 83다카1152 판결, 1986. 6. 10. 선고 84다카1773 전원합의체 판결, 1996. 7. 30. 선고 96다17127, 17134 판결 등 참조), 사정을 이유로 소유권을 취득하였음을 주장하는 자는 그 사정 사실 외에 사정 이전의 토지 취득 경위까지 입증할 필요는 없다.

반면에, 타인에게 명의를 신탁하여 사정을 받은 것이라고 주장하는 자는 그 명의신탁 사실에 대한 입증책임이 있고, 사정명의자 쪽에서 사정 이전의 취득 경위에 관하여 주장하더라도 이는 명의신탁 주장에 대한 부인에 해당하고 새로운 취득 권원을 주장한 것이라고 할 수 없으므로 이에 대하여 입증하지 못하였다고 하여 당연히 명의신탁 사실이 인정되어야 하는 것은 아니다.

이 사건 토지는 피고 이◎용의 조부인 소외 망 이▼옥 명의로 사정받은 토지이므로 위 이▼옥의 상속인인 피고 이◎용으로서는 그 취득 경위에 관하여 더 이상의 입증을 할 필요는 없고, 오히려 그것이 원고 종중의 소유로서 위 망 이▼옥 명의로 신탁하여 사정받은 것이라고 주장하는 원고가 명의신탁 사실에 대한 입증책임을 부담한다고 할 것이다.

기록에 의하면, 피고 이◎용은 이 사건 토지가 그의 9대조 이필익으로부터 위 피고에 이르기까지 종손에게 순차 상속되어 온 개인 재산이며, 설사 종중 재산이었다고 하더라도 위 피고의 증조부인 소외 망 이▲한이 노름으로 탕진하여 매각한 것을 조부인 위 망 이▼옥이 다시 개인적으로 매수한 것이라고 주장하여 왔음을 알 수 있으나, 위와 같은 주장은 토지 사정 이전의 사실에 관한 것으로서 원고의 명의신탁 주장에 대한 부인에 해당하고 새로운 취득 권원에 대한 주장이라고 할 수 없다.

따라서 원심이 이 사건 토지가 원고 소유로서 위 망 이▼옥 명의로 신탁하여 사정받은 토지라는 원고 주장을 인정할 증거가 부족하다고 하여 원고의 청구를 기각하였을 뿐, 위 피고의 위와 같은 주장 사실에 대한 판단을 명시하지 아니하였다고 하여 거기에 입증책임의 분배에 관한 법리오해, 판단유탈, 심리미진의 위법이 있다고 할 수 없다.

2. 원고 소송대리인의 상고이유 제3점, 제4점, 원고의 상고이유 제1점, 제3점, 제4점, 제5점에 대하여 어떤 토지가 종중의 소유인데 사정 당시 종원 또는 타인 명의로 신탁하여 사정받은 것이라고 인정하기 위하여는 사정 당시 어느 정도의 유기적 조직을 가진 종중이 존재하였을 것과 사정 이전에 그 토지가 종중의 소유로 된 과정이나 내용이 증명되거나 또는 여러 정황에 미루어 사정 이전부터 종중 소유로 인정할 수밖에 없는 많은 간접자료가 있을 때에 한하여 이를 인정할 수 있을 뿐이고, 그와 같은 자료들이 충분히 증명되지 아니하고 오히려 반대되는 사실의 자료가 많을 때에는 이를 인정하여서는 아니 된다고 할 것이다(대법원 1994. 10. 25. 선고 94다29782 판결, 1997. 2. 25. 선고 96다9560

판결 등 참조). 그리고 그 간접자료가 될 만한 정황으로서는, 사정명의인과 종중과의 관계, 사정명의인이 여러 사람인 경우에는 그들 상호간의 관계·한 사람인 경우에는 그 한 사람 명의로 사정받게 된 연유, 종중 소유의 다른 토지가 있는 경우에는 그에 대한 사정 또는 등기관계, 사정된 토지의 규모 및 시조를 중심으로 한 종중 분묘의 설치 상태, 분묘수호와 봉제사의 실태, 토지의 관리 상태, 토지에 대한 수익이나 보상금의 수령 및 지출 관계, 제세공과금의 납부 관계, 등기필증의 소지 관계, 그 밖의 모든 사정을 종합적으로 검토하여야 할 것이다.

기록에 비추어 위와 같은 정황에 대하여 종합적으로 살펴보니, 원심에 표현상의 미흡한 점은 있으나, 원고 종중이 이 사건 토지 사정 당시 어느 정도의 유기적 조직을 가진 종중으로서 존재하였고 이 사건 토지가 원고 종중의 소유로서 피고 이◎용의 조부인 위 망 이▼옥 명의로 신탁하여 사정을 받은 것이라는 원고의 주장을 추단할 만한 자료가 부족하다 하여 이를 배척한 것은 적법하고, 거기에 소론과 같은 종중재산의 형성 및 명의신탁 성립에 관한 사실인정을 함에 있어서의 이유모순이나 이유불비, 경험칙과 채증법칙에 위배하거나 심리를 다하지 아니하고 판례를 잘못 해석하여 사실을 오인한 위법, 판단유탈 등의 위법이 있다고 할 수 없다.

논지는 이유 없다.

[등기의 추정력] 어느 재산이 종중 재산임을 주장하는 자가 주장·입증하여야 할 내용, 방법 및 그 정도/ 등기의 추정력과 관계없이 명의신탁자가 명의수탁자에 대하여 명의신탁에 의한 등기임을 주장할 수 있는지 여부(적극) / 대법원 2007. 2. 22 선고 2006다68506 판결 [소유권이전등기]

판례해설

통상적으로 등기가 경료되어 있다면 그에 대한 등기 추정력이 성립되고 상대방으로서는 이와 같은 추정력을 깨뜨려야만 한다.

다만 종중재산일 경우에는 대상판결에서도 보는 바와 같이 등기와 관련된 일반적인 추정력이 적용되는 것이 아니며 결국 상대방의 입장에서는 다른 등기 사건과 달리 종중 재산임을 설정된 경위등에 관하여 간접사실만으로 충분히 등기의 추정력을 깨뜨리고 종중 재산임이 입증될 수 있다고 판시하였다.

법원판단

어느 재산이 종중 재산임을 주장하는 당사자는 그 재산이 종중 재산으로 설정된 경위에 관하여 주장·입증을 하여야 할 것이나 이는 반드시 명시적임을 요하지 아니하며, 어느 재산이 종중 재산이라는 주장·입증 속에 그 설정 경위에 관한 사실이 포함되어 있다고 볼 수 있으면 족하고 그 설정 경위의 입증은 간접사실 등을 주장·입증함으로써 그 요건사실을 추정할 수 있으면 족하다 할 것이며(대법원 1997. 10. 10.

선고 95다44283 판결 등 참조), 한편 명의신탁은 등기의 추정력을 전제로 하면서 그 등기가 명의신탁 계약에 의해 성립된 사실을 주장하는 것이므로, 그 등기에 추정력이 있다고 하더라도 명의신탁 자는 명의수탁자에게 대하여 등기가 명의신탁에 의한 것임을 주장할 수 있다(대법원 1998. 3. 13. 선고 97다54253 판결등 참조).

원심은 그 채용 증거들을 종합하여, 판시와 같은 사실을 인정한 다음, 원·피고 및 (문중명 생략)의 상호 관계, 이 사건 각 부동산의 위치와 그 지상의 묘소 및 그에 대해 매년 봉제사가 이루어진 점, 이 사건 각 부동산을 소외 1이 관리하고 그 명의로 사정을 받게 된 이유와 이후 그 소유 명의를 소외 2앞으로 변경하게 된 경위 및 소외 2가 이 사건 제2부동산을 제1부동산의 위토로 신고한 적도 있는 점 등을 종합적으로 고려하면, 이 사건 각 부동산은 원래 원고의 소유로서, 원고가 위 부동산의 지상에 안장되어 있는 죽산 안씨 등에 대한 봉제사를 수행하여 오다가 일제시대에 이르러 관리의 편의를 위하여 지리상 가까운 파주군에 소재하는 산하 문중인 (문중명 생략)의 소외 1명의로 사정받은 후, 종손인 피고의 아버지인 소외 2에게 그 명의를 신탁하여 두었다고 봄이 상당하다고 판단하였는바, 앞서 본 법리와 기록에 의하여 살펴보면, 이러한 원심의 사실인정과 판단은 옳은 것으로 수긍이 가고, 거기에 채증법칙 위배 또는 심리미진으로 인한 사실오인이나 등기의 추정력에 관한 법리오해 등의 위법이 있다고 할 수 없다.

그러므로 상고를 기각하고, 상고비용은 패소자가 부담하도록 하여 관여 법관의 일치된 의견으로 주문과 같이 판결한다.

종중 규약이 없고 대표자 외에는 별다른 임원도 없으며 시제도 수년간 열리지 않던 상태에서 종중 대표자가 종원들 명의로 사정받은 종중 부동산에 관해 종중의 결의없이 사정명의인의 자손 중에서 각 1인을 선정하여 소유권보존등기를 한 경우, 명의신탁 관계를 설정한 것으로 볼 것인지 여부(적극) / 대법원 1997. 12. 9 선고 96다30656 판결 [소유권이전등기]

> **판례해설**
>
> 종중규약도 없고 대표자도 없는 상황에서 **특정 종원이 종중결의 없이 종중 부동산에 대하여 소유권보존등기를 한 경우 이는 특별한 사정이 없다면 명의신탁을 한 것에 불과할 뿐 실재 종중 명의 토지를 이전받았다고 볼 수 없다는** 판시 내용이다

법원판단

상고이유를 판단한다.

원심판결에 의하면 원심은 거시 증거에 의하여 원고 종중 은 1919. 4. 18. 종중 소유의 종산인 전북 ○○군 ○○면 ○○리 산 15 임야를 종중

원인 소외 김♡록, 김▽진, 김□원, 김◇수, 김△환의 5인 명의로, 같은 달 25. 역시 종산인 같은 면 원수리 산 1 임야를 위 김♡록, 김▽진, 김□원, 김◇수의 4인 명의로 각 사정받아 그 임야대장상 위 사정명의인들이 소유자로 등재된 사실, 위 김▽진이 원고 종중의 대표자로 일하다가 1949. 9. 17. 사망한 후 그 차남인 소외 김◆건이 원고 종중의 대표자가 되어 시제를 모시고 종중 재산을 관리하여 오다가 1960년대 중반 무렵부터 종중재산의 임대료 유용 문제로 종중원들과 다툰 후 사실상 시제를 중단한 사실, 그 후 위 김◆건은 임야소유권이전등기등에관한특별조치법에 의하여 1970. 8. 26. 위 호산리 산 15 임야에 관하여, 같은 해 9. 30. 위 원수리 산 1에 관하여 위 사정명의인들의 후손들로서 위 김▽진의 차남인 자신과 위 김♡록의 장손인 소외 김■봉, 위 김□원의 차남인 소외 김◐봉, 위 김◇수의 장남인 소외 김♡성의 4인 명의로 각 소유권보존등기를 경료한 사실, 그 후 위 각 임야에 관한 위 김♡성의 지분은 1986. 12. 13. 소외 김▽욱에게 매도되어 같은 달 17. 그 지분이전등기가 경료되었고, 위 김◐봉의 지분은 재산상속을 원인으로 1987. 12. 12. 소외 김◆호 앞으로 지분이전등기가 경료되었다가 1990. 1. 16. 다시 소외 김□옥에게 매도되어 같은 달 25. 그 지분이전등기가 경료되었고, 위 김■봉의 지분은 재산상속을 원인으로 1988. 1. 29. 소외 김▲원 앞으로 지분이전등기가 경료되었다가 1989. 5. 4. 소외 김◇국에게 매도되어 같은 달 13. 그 지분이전등기가 경료된 사실, 그런데 1991. 4. 1. 그 당시 위 각 임야를 포함하여 27필지로 된 종산의 공동 소유명의자였던 위 김◆건, 김◇국, 김□옥, 김▽욱은 위 종산에 관하여 공유물분할 합의를 하면서 위 호산리 산 15 임야에서 분할된 같은 리 산 15의 5 임야 및 위 원수리 산 1 임야에서 분할된 같은 리 산 1의 3 임야(이하 이 사건 임야라고 한다)는 위 김◆건의 단독 소유로 하기로 합의하였고, 이에 따라 같은 달 3. 이 사건 임야에 관한 위 김◇국, 김□옥, 김▽욱의 지분이 위 김◆건 앞으로 이전된 사실, 위 김▽진은 1949. 9. 17. 사망하여 그 장남으로 호주상속인인 소외 김△원이 그 재산상속인이었고, 위 김♡록은 1925. 6. 5. 사망하여 그 장남으로 호주상속인인 소외 김×길이 단독 상속하였다가 위 김×길도 1943. 11. 25. 사망하여 그 장남으로 호주상속인인 위 김■봉이 그 재산상속인이었고, 위 김□원은 1982. 7. 5. 사망하여 그 재산상속인으로는 1949. 1. 23.에 사망한 장남의 처자들, 차남인 위 김◐봉과 3남, 4남, 출가한 딸들이 있었고, 위 김◇수는 1970. 11. 24. 사망하여 그 재산상속인으로 장남인 위 김♡성과 출가한 딸이 있었고, 위 김△환은 1930. 1. 10. 아들이 없이 사망하였고, 위 김◆건도 1994. 1. 12. 사망하여 처자들인 피고들이 그 재산을 공동 상속한 사실 등을 인정한 다음, 이 사건 임야는 원고 종중이 명의신탁한 재산이라는 원고의 주장을 다음과 같은 이유를 들어 배척하였다.

즉 원심은 증거에 의하면 원고 종중이 종중총회 등을 통하여 분할 전의 위 각 임야에 관하여 위 4인 명의로 소유권보존등기를 경료하기로 하는 결의를 한 사실이 없고, 위 김◆건 등 4인이 자신들 명의로 소유권보존등기를 경료함에 있어 다른 종중원들에게 그 사실을 전혀 알리지도 않았고, 위 등기 사실을 뒤늦게 알게 된 소외 김☆수, 김@신, 김▼수 등

10여 명이 1986. 설날 위 김◆건을 찾아가 종중의 결의도 없이 마음대로 4인 명의로 소유권보존등기를 경료한 것에 대하여 항의하였던 사실, 위 4인은 1986. 1.경 위 각 임야를 포함한 원고 종중의 종산에 관하여 그것이 4인의 공유재산임을 재확인하고 이를 각 단독 소유로 분할하기로 하는 약정을 체결하였던 사실, 그 후 위 김♡성이나 위 김■봉, 김◐봉으로부터 그 지분을 상속받은 소외 김▲원, 김◆호는 자신들의 지분을 매도해 버렸으며, 위 김◆건 역시 이 사건 임야는 원고 종중 소유가 아니라 사유재산이라고 극구 주장하여 온 사실, 위 김♤수, 김▼수 및 소외 김■용, 김◐갑 등은 위 4인이 종중 결의도 없이 임의로 허위의 보증서에 기하여 소유권보존등기를 경료하였다는 이유로 위 김◆건 등을 고소하기까지 한 사실 등을 인정할 수 있고, 그에 비추어 보면 위 4인 명의의 소유권보존등기는 위 김◆건 등이 분할 전의 위 각 임야가 자신들의 선조 명의로 사정되었음을 기화로 이를 사유재산화할 의도에서 종중의 결의도 없이 허위의 보증서에 의하여 임의로 경료한 것으로 보여지므로, 이 사건 증거들만으로는 위 소유권보존등기가 원고종중의 명의신탁에 의한 것이라고 인정하기에 부족하다고 판시하였다.

그러나 원심이 인용한 제1심판결 이유 부분에 의하면 원고 종중 은 김해김씨의 시조인 김수로왕의 61세손인 김□절을 공동선조로 하는 후손들로 구성되어 위 김□절과 그 3세손인 김♡량 및 그 7세손인 김▽오 등의 묘소를 수호, 관리하면서 그 제사를 모시는 것을 주된 목적으로 하여 자연발생적으로 성립된 소종중으로서, 100여 년 전부터 매년 가을에 위 김□절 등의 시제를 모시면서 시제일에 모인 종중원들의 과반수로 임원의 선출, 종중 재산의 관리 및 처분 등 중요한 안건에 관하여 결의하는 관례를 가지고 있었는데, 위 김◆건이 원고 종중의 대표자로서 시제를 모시고 종중 재산을 관리하여 오던 중 종중 재산의 임대료 유용 문제로 종중원들과 다툰 후 1960년대 중반 무렵부터 사실상 시제를 중단하였고, 그 후 위 김◆건이 원고 종중의 대표자라는 지위를 이용하여 원고 종중의 종산을 분할하여 매도하는 일이 발생하자, 위 김◇수 등의 종중원들이 주도하여 1991. 7. 24. 임시총회를 열어 원고 종중의 규약을 제정하고 위 김◇수를 대표자로 선임하였고, 1992. 10. 4. 다시 계속된 시제에 참석한 종중원들도 위 김◇수를 대표자로 선임한다는 결의를 하였다는 것이므로, 분할 전의 위 각 임야에 관한 소유권보존등기가 경료된 1970년 당시 원고 종중은 규약도 없었고, 대표자 이외에는 별다른 임원도 없었으며 더구나 종중 재산의 관리나 처분에 관하여 의사를 최종적으로 결정할 수 있는 기회인 시제가 수년째 열리지 않고 있던 상태였으므로, 그와 같은 상태에서 원고 종중의 대표자인 위 김◆건이 위 각 임야에 관하여 한시법인 임야소유권이전등기등에관한특별조치법에 따라 소유권보존등기를 경료하면서 원고 종중으로부터 위 각 임야를 명의수탁받아 임야대장상 소유자로 등재되어 있는 종중원들 중 아들이 없이 사망한 위 김△환을 제외한 4인의 아들 또는 손자 중에서 각 1인을 선정하여 앞에서 본 바와 같은 4인 명의로 소유권보존등기를 경료하였다면 이는 객관적으로 위 김◆건이 원고 종중의 대표자로서 명의수탁자를 변경하여 새로운 명의신탁 관계를 설정한 것으로 보여지므로, 그와 달리 위 4인이 자신들의 개인 재산으로 등기한 것이라고 인정하기 위하여는 그 당시에 그와 같이 볼 만한 특별한 사정이 있었다고 인정되어야 할 것이다.

그런데 <u>원심이 위와 같은 특별한 사정으로 들고 있는 판시 사유들은 위 등기 당시 원고 종중 이 사실상 위 등기에 관하여 어떠한 결의도 할 수 없는 상태였고, 또한 위 김◆건 자신이 원고 종중 의 대표자였다는 점을 간과한 것이거나, 위 등기가 경료되고 상당 기간이 경과된 후의 간접적인 사정에 불과하므로, 그와 같은 사유들만으로는 위 등기가 원고 종중 과 무관하게 그 명의자들이 종중 재산인 위 각 임야를 불법적인 방법으로 자신들의 개인 재산으로 하려는 의사에서 행한 것이라고 볼 수 없다</u>고 할 것이다.

따라서 이와 달리 판단하여 명의신탁 관계를 부정하고, 그에 따라 명의신탁을 전제로 반환받아야 하는 명의신탁 재산의 범위에 관하여 다투는 원고의 항소이유에 대하여는 제대로 살펴보지도 않고 배척한 원심판결에는 명의신탁의 성립에 관한 법리를 오해하였거나 채증법칙을 위배하여 사실을 오인한 위법이 있다고 할 것이므로, 이 점을 탓하는 상고이유의 주장은 이유 있다.

그렇다면 나머지 상고이유에 나아가 살펴볼 필요 없이 원심판결을 파기하고 사건을 다시 심리·판단하게 하기 위하여 원심법원에 환송하기로 관여 법관의 의견이 일치되어 주문과 같이 판결한다.

종중 재산임을 주장하는 자가 입증하여야 할 내용, 방법 및 그 정도/ 종중이 그 소유 임야를 종중원에게 명의신탁한 것이라는 주장을 배척한 원심판결을 채증법칙 위반 등의 이유로 파기한 사례/대법원 1995. 7. 11 선고 94다48820 판결 [소유권이전등기]

법원판단

상고이유를 본다.

1. 원심은, 원고가, 이 사건 임야는 원고 소문중이 그 묘소로 쓰기 위하여 매수한 원고 소문중의 소유로서 이를 시조(始祖)인 정래원의 둘째 아들이자 피고들의 선대인 소외 망 정현◇에게 그 명의를 신탁하여 1918.5.31. 그 사람 앞으로 사정을 받았다가 1929.3.28. 그의 장남인 소외 망 정갑재 명의로 소유권보존등기를 마친 것이므로 피고들에 대하여 명의신탁해지를 원인으로 한 소유권이전등기를 구한다고 주장함에 대하여, 원고 소문중이 이 사건 임야에 대한 1951년 및 1952년의 임야세와 1984년부터 1992년까지의 재산세를 납부하였고, 1947년 이 사건 임야의 벌목대금 10,000원을 원고 소문중의 수입으로 받았으며, 이 사건 임야를 관리하기 위하여 산수계에 가입한 다음 1950년에서 1952년까지의 산수계비용을 납부하는 등 1947년 이래 이 사건 임야를 관리하여 온 사실은 인정되지만, 한편 이 사건 임야의 등기권리증을 피고들이 소지하고 있고, 원고 소문중 소유의 다른 토지들은 모두 부동산소유권이전등기등에관한특별조치법에 의하여 문중원들인 소외 정석▽와 정성♡의 공

동명의로 이전하였으나 이 사건 임야만은 그대로 두었으며, 1971년 이전에는 이 사건 임야에 시조의 첫째 아들인 정원검의 며느리 묘가 1947년경 설치된 외에는 모두 피고들의 선대인 위 정현◇ 및 그 직계후손들의 묘 7기만 설치되었던 점, 위 정현◇이 이 사건 임야를 사정받을 무렵에 위 정원검과 시조의 셋째 아들인 정사검도 각 다른 임야를 사정받았는데, 위 정원검 및 정사검이 각 사정받은 임야는 모두 원고 소문중의 소유가 아니라 각 사정명의인 개인 소유의 임야로 취급받아 왔던 점, 원고 소문중이 문중재산을 취득하면서 당시 이미 노쇠한 위 정현◇의 명의로 취득한다는 것은 극히 이례에 속하는 점 등이 인정됨에 비추어, 원고 소문중이 일시 이 사건 임야를 관리하여 온 사실만으로 이 사건 임야가 원고의 소유라고 인정하기에는 부족하고, 그밖에 원고의 주장사실에 부합하는 증거들은 믿을 수 없다 하여 원고의 청구를 배척하였다.

2. 어느 재산이 종중재산임을 주장하는 당사자는 그 **재산이 종중재산으로 설정된 경위에 관하여 주장 입증을 하여야 할 것이나, 이는 반드시 명시적임을 요하지 아니하며, 어느 재산이 종중재산이라는 주장·입증속에 그 설정경위에 관한 사실이 포함되어 있다고 볼 수 있으면 되고, 그 설정경위의 입증은 간접사실 등을 주장·입증함으로써 그 요건사실을 추정할 수 있으면 족하다 할 것이다**(당원 1989.10.10.자, 89다카 13353 결정, 1991.6.14.선고 91다 2946, 2953 판결, 1992.12.11.선고 92다 18146 판결 각 참조). 원심도 그 진정성립을 인정한 갑 제9호증의 1 내지 16, 갑 제32호증의 1 내지 3(각 원고 소문중의 취리부, 위 취리부

중 1950년부터 1962년까지 부분은 당시 원고 소문중의 총무를 맡고 있던 피고들의 피상속인인 소외 망 정석①이 작성한 것이다)의 기재를 비롯한 기록에 나타난 증거들에 의하면, 원고 소문중이 이 사건 임야에 대한 1951년 및 1952년의 임야세를 납부하였고, 1947년 이 사건 임야의 벌목대금 10,000원을 원고 소문중의 수입으로 받았으며, 이 사건 임야를 관리하기 위하여 산수계에 가입한 다음 1950년에서 1952년까지의 산수계비용을 납부한 사실 등은 모두 원고 소문중의 취리부에 기재되어 있는데, 위 취리부에는 이 사건 임야 외에도 문중원 개인 명의로 소유권이전등기가 되어 있던 논밭에 대한 세금을 원고 소문중의 돈으로 납부한 사실도 기재되어 있으며, 그러한 논밭은 모두 원고 소문중의 소유로서 그 명의가 신탁된 것임을 알 수 있는바, 이와 같이 원고 소문중의 취리부에 원고 소문중의 돈으로 세금을 납부한 것으로 기재된 다른 문중원 개인 명의의 부동산이 모두 원고 소문중의 소유로 드러난 이 사건에 있어서, 원고 소문중이 이 사건 임야의 세금을 납부하였을 뿐만 아니라 그 벌목대금을 원고 소문중의 수입으로 받고 그 관리를 위하여 산수계에 가입하여 그 비용까지 납부한 사실이 취리부에 기재되어 있고, 그와 같은 취리부의 기재 중 일부를 피고들의 피상속인인 위 정석①이 기재하였다는 사실은 원고의 주장사실에 부합하는 유력하고 결정적인 간접사실이 된다고 할 것이므로, 이에 반대되는 유력한 간접사실이 없는 한 이 사건 임야도 원고 소문중의 소유라고 보는 것이 경험칙에 합당하다 할 것이다. 뿐만 아니라 원심이 적법하게 인정한 바와 같이 이 사건 임야의 매수 당시 이미 시조의 둘째부인(원검, 현◇의 생모임) 박씨의 묘가 설치되어 있었다는 것은 원고 소문중이 이 사건 임야를 매수할 사유가 되기에 충분하다 할 것이고, 기록에 의하면, 피고들의 피상속인인 위 정석❶이 1962년경 이 사건 임야가 위치한 고향땅을 떠날 때 살고 있던 집과 전답을 모두 처분하였으면서도 이 사건 임야 및 그에 인접한 ○○시 ○○동981 토지(원래 밭이었으나 1991.10.2. 임야로 등록전환되었다)만은 처분하지 않고 남겨 두었는데, 위 양덕동 981 토지는 현재도 이 사건 임야의 관리인인 소외 성재현이 이를 경작하고 있는 사실, 피고들이 이 사건 임야의 지분 중 40퍼센트만 주면 원고 소문중의 소유로 인정하여 주겠다면서 합의를 제안한 사실(이는 피고들을 위하여 위증까지 한 제1심증인 정석▽의 증언이어서 신빙성이 있다) 등을 엿볼 수 있는바, 이러한 사실 등도 원고의 주장사실을 뒷받침하는 간접사실이 된다 할 것이다. 한편 원심이 들고 있는 반대간접사실 중, 이 사건 임야의 등기권리증을 피고들이 소지하고 있다는 점은 피고들의 피상속인인 위 정석❶이 원고 소문중의 총무로서 취리부를 비롯한 문중의 서류를 작성·보관하는 일을 맡고 있으므로, 이 사건 임야의 등기권리증도 쉽게 손에 넣을 수 있는 지위에 있었던 점에 비추어 반드시 유력한 반대간접사실이 된다고 보기 어렵고, 또 기록에 의하면 1913.7.22. 원고 소문중 소유의 또 다른 재산(흥해읍 남송동 783 전 309평)을 위 정현◇의 형인 정원검 명의로 사정받은 사실이 인정됨에 비추어 이 사건 임야를 노쇠한 위 정현◇의 명의로 취득한 사실이 반드시 이례에 속한다고 볼 수 없으므로 반대간접사실로 삼을 수 없다 할 것이며, 같은 무렵에 사정받은 다른 형제들 명의의 임야는 모두 개인 소유의 임야라는 점 또한 같은 무렵에 삼형제가 모두 임야를 사정받았음에도 불구하고 유독 이 사건 임야에 대하여만 원고 소문중이 세금을 납부하고 산수계비용을 지급하는 등 관리를 해 왔다는 점에서 오히려 이 사건 임야가 개인소유가 아니라 원고 소문중 소유라는 점을 뒷받침한다고 볼 수 있는 것이다.

3. 이상 살펴본 바와 같이 <u>**원고의 주장사실에 부합되는 유력한 간접사실이 있고, 그밖에도 이에 부합되는 많은 간접자료가 있는 반면에, 원심이 든 반대간접사실 중의 일부는 위에서 본 바와 같이 반드시 반대되는 간접사실로 보기 어렵고 그 나머지 반대간접사실만으로는 위와 같이 부합되는 여러 간접사실의 증명력을 탄핵하기에는 부족하다고 볼 여지가 충분하므로, 비록 원고 소문중이 이 사건 임야를 취득한 내력이 불분명하기는 하나 이 사건 임야가 원고 소문중의 소유라는 취지의 원고의 주장을 쉽게 배척할 수 없는 것이 아닌가 하는 강한 의문이 생긴다 할 것**</u>이다. 그렇다면 원심이 위에서 본 원고의 주장사실에 부합되는 다른 간접사실에 대하여는 심리판단하지도 아니하고 또 그 설시의 반대간접사실 중 일부는 반드시 반대되는 간접사실이라고 보기가 어려움에도 불구하고 그 판시와 같은 이유만으로 원고의 주장을 배척하였음은 심리미진 또는 채증법칙위반으로 인하여 사실을 오인하였거나 명의신탁에 관한 법리를 오해하여 판결결과에 영향을 미친 위법이 있다는 비난을 면하기 어려우므로, 이 점을 지적한 논지는 결국 이유가 있다 할 것이다.

어느 재산이 종중 재산임을 주장하는 자가 주장·입증하여야 할 내용, 방법 및 그 정도/ 등기의 추정력과 관계없이 명의신탁자가 명의수탁자에 대하여 명의신탁에 의한 등기임을 주장할 수 있는지 여부(적극) / 대법원 2007. 2. 22 선고 2006다68506 판결 [소유권이전등기]

> **판례해설**
>
> 대상판결은 등기 추정력이 존재한다고 하더라도 명의신탁에 의한 등기에 불과하다는 점을 주장할 수 있고 더 나아가 종중 재산이라는 점에 관해서는 다른 등기 추정력을 깨뜨리기 위한 직접 사실 증명이 아닌 간접 사실로도 충분하다고 판시하고 있다

법원판단

어느 재산이 종중 재산임을 주장하는 당사자는 그 재산이 종중 재산으로 설정된 경위에 관하여 주장·입증을 하여야 할 것이나 이는 반드시 명시적임을 요하지 아니하며, <u>어느 재산이 종중 재산이라는 주장·입증 속에 그 설정 경위에 관한 사실이 포함되어 있다고 볼 수 있으면 족하고 그 설정 경위의 입증은 간접사실 등을 주장·입증함으로써 그 요건사실을 추정할 수 있으면 족하다</u> 할 것이며(대법원 1997. 10. 10. 선고 95다44283 판결 등 참조), 한편 명의신탁 은 등기의 추정력을 전제로 하면서 그 등기가 명의신탁 계약에 의해 성립된 사실을 주장하는 것이므로, 그 등기에 추정력이 있다고 하더라도 명의신탁 자는 명의수탁

자에게 대하여 등기가 명의신탁에 의한 것임을 주장할 수 있다(대법원 1998. 3. 13. 선고 97다54253 판결 등 참조).

원심은 그 채용 증거들을 종합하여, 판시와 같은 사실을 인정한 다음, 원·피고 및 (문중명 생략)의 상호 관계, 이 사건 각 부동산의 위치와 그 지상의 묘소 및 그에 대해 매년 봉제사가 이루어진 점, 이 사건 각 부동산을 소외 1이 관리하고 그 명의로 사정을 받게 된 이유와 이후 그 소유 명의를 소외 2앞으로 변경하게 된 경위 및 소외 2가 이 사건 제2부동산을 제1부동산의 위토로 신고한 적도 있는 점 등을 종합적으로 고려하면, 이 사건 각 부동산은 원래 원고의 소유로서, 원고가 위 부동산의 지상에 안장되어 있는 죽산 안씨 등에 대한 봉제사를 수행하여 오다가 일제시대에 이르러 관리의 편의를 위하여 지리상 가까운 파주군에 소재하는 산하 문중인 (문중명 생략)의 소외 1명의로 사정받은 후, 종손인 피고의 아버지인 소외 2에게 그 명의를 신탁하여 두었다고 봄이 상당하다고 판단하였는바, 앞서 본 법리와 기록에 의하여 살펴보면, 이러한 원심의 사실인정과 판단은 옳은 것으로 수긍이 가고, 거기에 채증법칙 위배 또는 심리미진으로 인한 사실오인이나 등기의 추정력에 관한 법리오해 등의 위법이 있다고 할 수 없다.

그러므로 상고를 기각하고, 상고비용은 패소자가 부담하도록 하여 관여 법관의 일치된 의견으로 주문과 같이 판결한다.

개인소유인지 종중 소유의 명의신탁 인지의 석명의무 있는 사례 / 대법원 1977. 6. 28 선고 76다1580 판결 [소유권이전등기말소등]

> **판례해설**
>
> 종중이 법적으로 문제되기 전에는 대부분 종원의 이름으로 종중 재산이 명의신탁되었었는바 이에 대한 법적 분쟁이 생기고 실재 법원에 계속되었을 때 법원에서는 종중재산의 소유자를 명확히 확인할 의무가 있고 그에 대한 것은 분묘의 설치자가 누구이고 종원 명의로 사정받기 전에는 누구의 재산으로 관리되어 왔는지 구체적으로 당사자들에게 석명을 요구해야 하고 그렇지 않고 종결한다면 법원은 석명의무위반으로 파기를 면치 못한다고 판시하고 있다.

법원판단

기록에 의하면 피고들 주장의 취지는 이건 대지 인근에 위치하고 있는 논현동 산 16 임야 7단 9무보내에 정제공의 배위 동래정씨의 분묘가 있었는데 위 임야와 위 분묘를 위한 의토인 같은동 244 전 103평과, 같은동 217의2 전644평, 그리고 위 분묘와 위의 토를 관리하고 있던 고직이가 13대째 살고 있던 이건 대지는 모두 보조참가인인 종친회 소유재산으로서 단지 사정명의만 원고의 시조부인 소외 성필용 또는 동 소외인 외 3인 명의로, 신탁하여 동인등 명의로 등기를 하게 되었다는 것이고, 원심증인 성주련, 성낙린, 성일모, 성환모, 성을용의 각 증언중 원심이 배척하였다고 보여지지 아니한 부분과 1심형사기록 검증결과중 역시

원심이 배척하였다고 보여지지 아니한 부분과 1심형사기록 검증결과중 역시 원심이 배척하였다고 보여지지 아니한 부분을 종합하면, 이건 대지에는 위 묘를 관리하는 고직이가 13대째 살고 있었으며 동토지에서 생산되는것을 제수로 사용해 온 사실을 엿볼 수 있는 데 그렇다면 <u>원래 종중 재산은 종원에게 신탁하여 관리케 하는 것이고, 종중 토지는 종원에게 신탁하여 그 명의로 사정받아 등기를 하는 것이 통상적인 사례였음을 생각하면 이건에 있어서 수긍함에 족한 특별한 사정이 없으면, 이건 대지는 일응 피고들 주장과 같이 보조참가인인 종친회의 재산이고, 위 소외 성필용 명의의 등기는 보조참가인인 종친회의 신탁에 의한 것이라고 볼 수 없는바도 아니니 위 분묘의 설치자가 누구이고, 이건 대지가 위 소외인 명의로 사정받기전에 과연 누구의 재산으로 관리되어 왔으며, 그 위에 위 분묘를 수호하는 고직이가 13대나 살아오게 된 사정이 무엇인가등을 밝히지 아니하고 위 소외 성필용 명의로 사정받어 그 명의로 등기가 되었다는 그 이유</u>만으로서 곧 이건 토지가 위 소외인 개인소유라고 단정하는 것은 좀처럼 납득하기 어려운 일이라고 아니할 수 없다.

그러므로 이 건에 있어서 앞에서 적은 바와 같은 특별한 사정에 대하여 석명을 시키고, 그 점에 대하여 심리판단을 함이 없이 이건 토지가 위 소외인 개인소유라고 인정하고, 명의신탁에 관한 피고들 주장을 배척한 것은 요컨대 석명권을 행사할 책무를 다하지 아니하여 심리를 미진하고, 나아가서 피고들 주장을 배척하는데 충분한 이유를 명확히 하지 못하였다고 아니할 수 없다.

그러므로 이점을 지적하는 논지는 이유있다고 할 것이므로 민사소송법 400조, 406조 1항의 규정에 의하여 원판결을 파기하고 사건을 서울고등법원으로 환송하기로 하고 관여 법관의 일치된 의견으로 주문과 같이 판결한다.

[명의신탁과 점유취득시효] 명의신탁된 부동산에 대한 점유취득시효 완성 후 그 소유권이전등기가 경료되기 전에 명의신탁이 해지되어 등기명의가 명의신탁 자에게 이전된 경우, 그에 대하여 시효취득을 주장할 수 있는지 여부(소극)/ 종중 이 개인에게 명의신탁하여 그 명의로 사정받은 부동산에 관하여 제3자의 취득시효가 완성된 후 명의신탁자인 종중명의로 소유권보존등기가 경료된 경우, 제3자가 종중에 대해 시효취득을 주장할 수 있는지 여부(소극) / 대법원 2001. 10. 26 선고 2000다8861 판결 [토지소유권이전등기등]

판례해설

점유취득시효 완성 이후 소유권 등기가 변동된 경우 예외적으로 점유취득시효 완성자는 해당 토지에 대하여 소유권이전등기 청구를 할 수 없다.

종중 토지가 종원 명의로 신탁등기가 되고 제3자가 해당 토지에 대하여 점유취득시효를 완성한 후 종중 명의로 소유권이 이전되었을 경우 원래의 소유자로등기가 되었다고 하더라도 형식상 등기 이전이 있었기 때문에 결국 점유취득시효 완성자는 종중을 상태로 점유취득시효 완성을 이유로 소유권이전등기를 할 수 없다. 결국 이를 방지하기 위해서는 소를 제기하기 전이라면 부동산처분금지가처분을 통하여 소유권 변동을 막아야 할 것이다.

법원판단

[1] 명의신탁 된 부동산에 대하여 점유취득시효가 완성된 후 시효취득자가 그 소유권이전등기를 경료하기 전에 명의신탁 이 해지되어 그 등기명의가 명의수탁자로부터 명의신탁 자에게로 이전된 경우에는 명의신탁 의 취지에 따라 대외적 관계에서는 등기명의자만이 소유권자로 취급되고 시효완성 당시 시효취득자에게 져야 할 등기의무도 명의수탁자에게만 있을 뿐이므로, **명의신탁 자의 등기 취득이 등기의무자의 배임행위에 적극 가담한 반사회적 행위에 근거한 등기라든가 또는 기타 다른 이유로 원인무효의 등기인 경우는 별론으로 하고, 그 명의신탁 자는 취득시효 완성 후에 소유권을 취득한 자에 해당하여 그에 대하여 취득시효를 주장할 수 없다.**

[2] 종중 이 그 소유의 부동산에 관하여 개인에게 명의신탁하여 그 명의로 사정을 받은 경우에도 그 사정명의인이 부동산의 소유권을 원시적·창설적으로 취득하는 것이므로, 종중 이 그 소유의 부동산을 개인에게 명의신탁 하여 사정을 받은 후 그 사정 명의인이 소유권보존등기

를 하지 아니하고 있다가 제3자의 취득시효가 완성된 후에 종중 명의로 바로 소유권보존등기를 경료하였다면, 대외적인 관계에서는 그 때에 비로소 새로이 명의신탁 자인 종중에게로 소유권이 이전된 것으로 보아야 하고, 따라서 이 경우 종중 은 취득시효 완성 후에 소유권을 취득한 자에 해당하여 종중 에 대하여는 취득시효를 주장할 수 없다.

[부동산 소유권·토지대장·건축물대장] 부동산소유권을 명의신탁하여 토지대장이나 건축물관리대장에 소유자로 등재되었으나 수탁자 명의로 소유권이전등기가 경료되지 않은 상태에서 명의신탁 이 해지된 경우, 신탁자가 수탁자에 대하여 명의신탁된 부동산의 소유권이전등기를 구할 수 있는지 여부(소극) / 대법원 1999. 6. 25 선고 97다52882 판결 [소유권확인]

판례해설

소유권이전등기청구는 소유권 등기를 가진 자에 대해서 청구하는 것으로 소유권 등기가 없이 **단순히 건축물대장등에 소유권자로 기재되어 있다고 해서 해당 당사자가 소유권이전등기 소송의 상대방이 될 수 없다.**

대상판결 역시 건축물대장 등에 수탁자 명의로 되어 있기는 하지만 소유권등기는 되지 않는 상태였기 때문에 해지통고하면 충분하고 거기에 소유권이전등기 청구권까지는 할 수 없다고 판시한 것이다.

법원판단

상고이유를 본다.

1. 원심이 인정한 기초사실 원심은 그 판시 증거들을 종합하여 별지 목록 기재 제1 토지(이하 이 사건 제1 토지라고 한다)는 1911. 7. 18. 소외 이▼영 명의로 사정되고, 같은 목록 기재 제2 내지 제4 토지(이하 이 사건 제2 내지 제4 토지라 한다)는 같은 해 7. 10. 소외 김▲선 명의로 각 사정된 사실, 이 사건 각 토지는 미등기인 채로 1961. 8. 15. 작성된 구 토지대장상에 소외 망 황◆성의 소유로 등재되어 있던 중, 이 사건 제1 토지에 관하여는 신 토지대장상에 그대로 이기하여 망 황◆성의 소유로 등재되어 있으나, 이 사건 제2 내지 제4 토지에 관하여는 신 토지대장상에 <u>지적법 제13조</u>의 규정에 의거 토지 소유자를 복구할 토지로 기재되어 있으면서, 1995. 3. 31. 피고 대한민국 명의로 각 소유권보존등기가 마쳐진 사실을 인정하였다.

2. 원심의 판단

가. 피고 대한민국을 제외한 나머지 피고들에 대하여 원고는 원고 종중이 이 사건 각 토지를 사정명의인들로부터 원고 종중원인 망 황◆성의 명의로 매수하여 구 토지대장상 그 앞으로 명의신탁하였고, 망 황◆성이 1971. 3. 30. 사망하여 피고 황×순, 같은 한■월, 같은 황●량, 같은

황♡우, 같은 황▽길, 같은 황□진, 같은 황◇규, 같은 황△태, 같은 황×규(이하 피고 황×순 외 8인이라고 한다) 및 소외 양♤석이 그 상속지분에 따라 이를 공동상속하였으며, 원고가 피고 황×순 외 8인에게 1994. 12. 5.자 청구취지 및 원인변경신청서부본의 송달로써 위 명의신탁을 해지하였으므로, 피고 황×순 외 8인은 원고에게 이 사건 각 토지 중 각자의 상속비율에 따른 지분에 관하여 명의신탁해지를 원인으로 한 소유권이전등기절차를 이행할 의무가 있다고 주장하였으나, 이에 대하여 원심은 원고 종중이 망 황◆성 명의로 이 사건 각 토지를 매수하였음을 인정할 증거가 없고, **이 사건 각 토지에 관하여 망 황◆성의 소유로 구 토지대장상에 등재되어 있었다 하더라도 1975. 12. 31. 지적법 개정 전에 복구된 토지대장은 아무런 법적 근거 없이 과세의 편의상 임의로 복구한 것에 불과하여 그 소유자란에 이름이 기재되어 있다 하더라도 그 기재에 권리 추정력을 인정할 수 없으며**, 구 토지대장상 망 황◆성 소유로 등재되었다는 사실만으로 원고 종중이 망 황◆성 명의로 이 사건 각 토지를 매수하였다거나 원고 종중 소유의 부동산을 그 앞으로 명의신탁한 것이라고 단정하기는 어려우므로 원고의 위 주장은 이유 없다고 판단하였다.

나. 피고 대한민국에 대하여 원고는, 피고 황×순 외 8인에 대한 위 명의신탁해지를 원인으로 한 소유권이전등기청구권을 보전하기 위하여 피고 황×순 외 8인과 위 김▲선을 순차 대위하여 피고 대한민국에 대하여 이 사건 제2 내지 제4 토지에 관한 각 소유권보존등기의 말소를 구하

였으나, 이에 대하여 원심은 채권자대위소송에 있어서 대위에 의하여 보전될 채권자의 채무자에 대한 권리가 인정되지 아니할 경우에는 채권자가 스스로 원고가 되어 채무자의 제3채무자에 대한 권리를 행사할 당사자적격이 없게 된다고 할 것인데, 원고의 피고 황×순 외 8인에 대한 소유권이전등기청구권이 인정되지 아니함은 앞서 본 바와 같으므로, 원고가 피고 대한민국에 대하여 이 사건 제2 내지 제4 토지에 관한 각 소유권보존등기의 말소를 구하는 이 사건 소는 원고가 피고 황×순 외 8인의 김▲선 및 피고 대한민국에 대한 권리를 순차로 대위행사할 당사자적격이 없어 부적법하다고 판단하였다.

3. 기록에 비추어 살펴보면, 원심의 사실인정과 판단은 정당하고, 거기에 원고가 주장하는 바와 같은 채증법칙 위배로 인한 사실오인 및 법리오해 등의 위법이 있음을 찾아볼 수 없다.

나아가 부동산소유권의 명의신탁의 결과로 토지대장이나 건축물관리대장에 소유자로 등재되었을 뿐 아직 수탁자 명의로 소유권에 관한 등기를 취득하지 아니한 경우에는 토지대장이나 건축물관리대장의 기재가 소유권의 변동을 공시하는 것이 아니기 때문에 명의신탁이 해지되면 그 효과로 명의신탁 관계가 종료되어 수탁자는 바로 그 외부관계에 있어서의 소유권도 상실하는 것이므로(대법원 1988. 11. 8. 선고 87다카2459 판결, 1993. 7. 13. 선고 93다531 판결 등 참조), 이러한 경우 신탁자가 수탁자에 대하여 명의신탁된 부동산의 소유권이전등기를 구할 여지도 없다고 할 것이고, 따라서 이러한 점에서도 피고 황×순 외 8인에 대한 원고의 주장은 받아들일 수 없다.

[명의신탁해지로 인한 소유권이전등기청구권 상대방의 조건] 종중이 그 소유였던 임야나 토지를 종중원에게 명의를 신탁하여 사정받은 경우 명의신탁 해지만으로 소유권을 취득하는지 여부(소극) / 대법원 1991. 1. 25 선고 90다10858 판결 [소유권확인]

> 판례해설
>
> 등기가 경료된 적이 없는 상태에서 명의신탁 해지만으로 소유권을 취득하지는 않고 원래의 소유자임을 근거로 소유권에 기한 이전등기청구권만이 가능하다.
>
> 최초 소유권등기가 있는 상태에서 명의신탁을 하였다면 명의신탁 해지만으로 소유권이 원상복귀되지만 소유권 등기가 없는 상태라고 한다면 별도의 소유권 이전등기를 통해서만 가능하다는 판례이다

법원판단

원심판결 이유에 의하면, 원심은 거시증거에 의하여 별지 목록기재의 각 토지는 미등기로서 원래 원고 종중 의 소유인데 일제의 토지사정 당시 동 목록 제1,2 기재의 각 토지에 관하여는 당시 원고의 종원이었던

소외 이용성 명의로, 동 목록 제3기재의 토지에 관하여는 같은 소외 이명삼 명의로 신탁되어 사정된 사실, 원고 종중은 1989.10.15. 종중 총회를 열어 위 각 토지에 대한 명의신탁 관계를 해지할 것을 결의하고 그 뜻을 위 명의수탁자의 후손들에게 알린 사실을 인정할 수 있으므로 별지목록기재의 각 토지는 원고의 소유라 할 것이라고 판시하였다.

그러나 일제시의 임야조사령이나 토지조사령에 의하여 사정을 받은 사람은 소유권을 원시적, 창설적으로 취득하는 것이고 종중이 그 소유였던 임야나 토지를 종중원에게 명의를 신탁하여 사정받았더라도 **위 사정명의인이 그 소유권을 취득하고 명의신탁 자인 종중 은 명의신탁 계약에 의한 신탁자의 지위에서 명의신탁 을 해지하고 그 소유권이전등기를 청구할 수 있음에 불과하다**고 할 것이다.

원심인정과 같이 원고 종중이 위 소외인들에게 명의신탁 하여 위 소외인들 명의로 사정을 받았으므로 별지 목록기재 토지들의 소유자는 위 소외인들임이 분명하고 **원고 종중이 위 명의신탁 계약을 해지하였더라도 그 명의로 소유권이전등기를 경료하지 않았으므로 원고 종중은 그 소유권을 취득하였다고 할 수 없을 것이다.**

원심은 위와 같은 토지사정의 법리를 오해하였거나 물권변동의 효력에 관한 법리를 오해한 위법을 범하였다 할 것이다. 논지는 이유있다.

그러므로 원심판결을 파기하고 사건을 원심법원에 환송하기로 하여 관여법관의 일치된 의견으로 주문과 같이 판결한다.

[명의신탁과 제3자이의의소] 명의신탁자인 종중이 명의신탁 된 부동산에 관하여 제3자이의의 소의 원인이 되는 권리를 가지고 있는지 여부(소극)/ 대법원 2007. 5. 10 선고 2007다7409 판결 [제3자이의]

> 판례해설
>
> 종중 명의신탁일 경우 부동산 실명법에 의하여 일정한 경우외에는 무효는 아니지만 중요한 것은 제3자와의 관계에서 명의수탁자가 소유자이기 때문에 내부적 관계에서는 별론으로 하더라도 제3자와의 관계에서 명의 신탁자인 종중은 소유자가 아니기 때문에 소유자가 제기하여야 하는 제3자 이의의 소 당사자는 아니라고 할 것이다

법원판단

상고이유를 판단한다.

민사집행법 제48조의 강제집행에 대한 제3자이의의 소는 이미 개시된 집행의 목적물에 대하여 소유권 기타 목적물의 양도나 인도를 막을 수 있는 권리가 있다고 주장함으로써 그에 대한 집행의 배제를 구하는 것이니만큼 그 소의 원인이 되는 권리는 집행채권자에 대항할 수 있는 것이어야 한다.

그런데 부동산 실권리자명의 등기에 관한 법률 제8조 제1호 에 의하면 종중 이 보유한 부동산에 관한 물권을 <u>종중 이외의 자의 명의로 등</u>

기하는 명의신탁 의 경우 조세포탈, 강제집행의 면탈 또는 법령상 제한의 회피를 목적으로 하지 아니하는 경우에는 같은 법 제4조 내지 제7조 및 제12조 제1항·제2항 의 규정의 적용이 배제되어 종중 이 같은 법 시행 전에 명의신탁 한 부동산에 관하여 같은 법 제11조 의 유예기간 이내에 실명등기 또는 매각처분을 하지 아니한 경우에도 그 명의신탁 약정은 여전히 그 효력을 유지하는 것</u>이지만, 부동산을 명의신탁한 경우에는 소유권이 대외적으로 수탁자에게 귀속하므로 명의신탁 자는 신탁을 이유로 제3자에 대하여 그 소유권을 주장할 수 없고(대법원 1974. 6. 25. 선고 74다423 판결 참조), 특별한 사정이 없는 한 신탁자가 수탁자에 대해 가지는 명의신탁 해지를 원인으로 한 소유권이전등기청구권은 집행채권자에게 대항할 수 있는 권리가 될 수 없으므로(대법원 1980. 1. 29. 선고 79다1223 판결 참조), 결국 명의신탁 자인 종중은 명의신탁 된 부동산에 관하여 제3자 이의의 소의 원인이 되는 권리를 가지고 있지 않다고 할 것이다.

원심이 인용한 제1심판결이 인정한 사실관계에 의하면 이 사건 각 부동산에 관하여 부동산 실권리자명의 등기에 관한 법률 시행 이전에 소외인등에게 지분소유권이전등기가 마쳐진 사실, 피고들이 소외인의 위 지분에 관하여 판시와 같은 각 가압류 및 강제경매개시결정을 받아 그 기입등기가 마쳐진 사실을 알 수 있고, 원심이 제1심판결 이유를 인용하여, 원고종중 들이 소외인의 위 지분에 관한 명의신탁 자라고 하더라도 명의신탁 의 법리상 명의수탁자의 집행채권자인 피고들에 대하여 소유권을 주장할 수 없다고 판단한 것은 앞서 본 법리에 비추어 정당하고, 거기에 상고이유에서 주장하는 바와 같은 법리오해, 채증법칙 위배 등의 위법이 없다.

그러므로 상고를 모두 기각하고, 상고비용은 패소자인 원고들이 부담하도록 하여 관여 대법관의 일치된 의견으로 주문과 같이 판결한다

종중 명의신탁 형사 사례

[횡령의 고의] 종중 소유로서 피고인 등에게 명의신탁된 부동산 중 피고인 명의의 지분에 관하여 종중을 구성하는 3개파 소문중들 사이의 재산분배합의에 따라 피고인이 그 소속된 소문 중 명의로 소유지분권이전등기를 경료한 경우라면 피고인에게 횡령의 범의가 있다고 보기 어렵다 하여 이와 달리 유죄로 인정한 원심판결을 심리미진의 위법으로 파기한 사례 / 대법원 1991. 4. 9 선고 90도2837 판결 [횡령]

> **판례해설**
>
> **형법상 범죄가 성립되기 위해서는 민사와 다르게 "고의"가 있어야 한다.** 민사적으로 해당 이전행위가 절차 위반으로 무효라고 하더라도 절차 위반에 대하여 고의가 있는 것을 별론으로 하더라도 이에 대한 고의가 없었다면 범의가 없어 처벌되지 않는다.
>
> 대상판결에서도 **종중 분배 합의등에 관한 형식상 합의가 존재하였다면 이에 대한 절차 위반을 이유로 민사상 무효임은 별론**으로 하더라도 형사적으로 횡령죄의 고의가 없다고 보아 원심에 대하여 심리미진을 이유로 파기 환송한 사건이다

법원판단

　피고인들변호인의 상고이유를 본다.

　1. 원심판결 이유에 의하면 원심은 1심판결을 인용하여 피고인들이 탐진최씨 남파 자손들로서 1986.4.7. 새로이 탐진최씨 성남파를 조직하고 위 탐진최씨 남파문중 소유인 광주 ○○구 ○○동 629의3 대지 2,475평이 피고인 최재♡의 부 망 최봉용 등 6인 명의로 명의신탁되어 있고, 같은 시 동구 충장로3가 19의 10 ○○빌딩 5층 건물은 피고인 최영남외 8명의 명의로 신탁등기가 되어 있음을 기화로 그 지분을 위 성남파문중 소유재산으로 소유권이전등기를 경료하기로 하여 1987.6.1. 위 빌딩의 피고인 최영남 지분 1/9, 시가 1억원 상당을 1987.4.24. 신탁해지를 원인으로 하여 위 성남파문중 명의로 지분소유권이전등기를 경료하여 이를 횡령하고, 또 같은 달 19. 위 대지의 망 최봉용 지분 1/7, 시가 1억 5천만원 상당을 호주상속을 원인으로 하여 피고인 최재♡ 명의로 지분소유권이전등기를 경료한 다음 같은 달 25. 1987.4.25. 신탁해지를 원인으로 하여 위 성남파문중 명의로 지분 소유권이전등기를 경료하여 이를 횡령한 사실을 인정하고 피고인들을 횡령죄로 의율처단하였다.

　2. 그러나 기록에 의하면 **피고인들은 수사기관이래 원심법정에 이르기까지 위 각 부동산은 고소인이 주장하는 탐진최씨 병의당 공파(남파)문회와는 별개인 탐진최씨 남파문회의 소유로서 그 문회를 구성하**

는 주서파, 주남파 및 성남파 등 3개파 소문중들 사이에 위 각 지분을 성남파문중 명의로 이전하기로 재산분배의 합의가 되고 탐진최씨 남파문회의 이사회에서 위 합의를 승인한 데에 따른 것이라고 주장하고 있고, 1심증인 최봉◆ 및 2심증인 최정♠의 증언에서 인용하고 있는 의사회회의록(수사기록 119면),합의각서(수사기록 125면)와 그밖에 탐진최씨 남파문회규약(수사기록 110면) 등을 살펴보면 위 피고인들 주장에 부합하는 자료들이 현출되어 있는바, 만일 이러한 자료들이 신빙성이 있는 것이라면 위 종중재산분배합의의 적법성과 그 효력 유무는 별론으로하고 피고인들에게 횡령의 범의가 있다고 보기 어려울 것이다(위 탐진최씨 남파문회 규약에 보면 제10조에서 부동산의 취득 및 처분을 총회결의사항으로 규정하면서도 제12조에서는 부동산의 취득 및 처분에 관하여 이사회의 의결정족수를 규정하고 있어서 피고인들로서는 부동산의 처분이 이사회결의로 족한 것으로 오해하였다고 하여도 무리는 아닐 것이다).

원심으로서는 위와 같은 점을 염두에 두고 **피고인들의 범의 유무를 심리**하여 보았어야 함에도 불구하고 이에 이름이 없이 위와 같이 판단하고 말았음은 심리미진으로 판결에 영향을 미친 위법을 저지른 것으로서 이 점에서 도저히 유지될 수 없다.

[종중의 실체 자체가 불분명할 경우 횡령죄 성부] 종중 또는 문중의 비법인사단으로서의 단체성 인정요건/ 종중의 실재가 불명확한 경우 종중소유 임야에 관한 횡령죄의 성부(소극) / 대법원 1983. 4. 12 선고 83도195 판결 [횡령]

판례해설

형법상 횡령죄는 타인과 본인간의 신뢰 관계 위배를 처벌하기 위한 범죄로서 당연히 타인과 본인의 당사자성이 인정되어야 한다. 이는 사람이라고 함은 아무런 문제가 없으나 법인일 경우에는 법인으로서 요건을 갖추어야 하고 종중 명의신탁 관련해서 횡령죄로 처벌하기 위해서는 종중이라는 단체성이 전제되어야 비로소 신뢰관계를 판단할 수 있고 결국 처벌할 수 있는 것이다

대상판결에서는 종중의 요건을 결여하여 사실상 본인이 존재하지 않게 되었고 결국 신뢰관계라는 것 자체가 존재하지 않기 때문에 횡령죄가 성립되지 않다는 취지로 파기 환송한 것이다.

법원판단

원심이 인용한 제1심 판결이유 기재에 의하면 원심은 그 거시증거를 종합하여 피고인은 파평윤씨 집의공 행진파 침산문중으로부터 1928.5.7. 대구직할시 ○○구 ○○동산 45 임야 2정 6단 1무보를 공소외 윤▲수, 윤×질, 윤▽출 등과 공동으로 명의신탁받아 이를 관리보관 중이

던 피고인의 아버지 공소외 윤□수와 함께 이 임야를 횡령하기로 공모하고 1979.2.17. 대구직할시 ○○구 ○○동번지불상 소재 손▼호 사법서사 사무실에서 그 정을 모르는 위 손▼호로 하여금 위 임야중 위 윤□수 명의로 등기된 4분의 1 지분싯가 금 76,000,000원 상당에 관하여 윤 정수가 피고인에게 1979.2.1자로 매도한다는 내용의 매매계약서를 작성하여 이를 원인으로 한 소유권이전등기에 필요한 서류를 대구지방법원 북대구등기소에 제출케 하여 피고인 명의로 소유권이전등기를 경료케 함으로써 이를 횡령한 사실을 인정하였다.

종중 또는 문중이라 함은 공동선조의 분묘수호와 제사 및 종중원 상호간의 친목을 목적으로 하여 구성되는 종족의 자연적 집단이므로 특별한 조직행위를 요하는 것이 아니고 종중규약이나 독자적인 족보가 있어야 하는 것은 아니나 특별한 규약에 의하여 선임된 대표자 또는 관습에 따라 종장 또는 문장에 의하여 소집된 종중회의에서 선출된 대표자 등에 의하여 대표되는 정도로 현저한 조직을 갖추고 지속적인 활동을 하고 있다면 소위 비법인 사단으로서의 단체성이 부여되는 것이며 한편 횡령죄는 위탁이라는 신임관계에 반하여 타인의 재물을 보관하는 자가 이를 횡령하거나 또는 반환을 거부함으로써 성립하는 것이므로 피고인이 이 사건 임야를 횡령하였다고 하려면 우선 피고인 또는 그와 공모하였다는 위 윤□수와 위탁관계에 있는 타인인 종중이 실재하여야 하고 그 종중과의 사이에 위탁이라는 신임관계가 있어야 할 것인데 이 사건 임야의 소유자이며 이를 위 윤□수 등에게 명의신탁하였다는 종중에 관하여 보면 공소장에는 "파평윤씨 공석사파 문중" (파평윤씨 집의공 석사파 문중의 "집의"가 빠진 오기인 듯이 보이나 피고인에 대한 구속영장의 기재와 이 사건 제1심 제1회 공판조서 중 검사의 피고인 신문에도 파평윤씨 공석사파 문중이라고 되어 있어 반드시 오기라고만 보기도 어렵다)이라고 되어 있는데 위 원심판시에는 "파평윤씨 집의공 행진파 침산문중"으로 판시하고 있고 한편 피고인과 위 윤□수를 피고로 하여 위 명의신탁해지를 원인으로 소유권이전등기청구를 구한 민사소송에 있어서는 "파평윤씨 집의공 석사파 문중회"가 원고로 제소하고 있으며 위 윤□수와 위 윤판출, 윤▲수, 윤×질 등의 상속인 등 20명을 피고로 하여 위와 같은 명의신탁해지를 원인으로 소유권이전등기를 구한 또 다른 두개의 민사소송에 있어서는 각각 "파평윤씨 집의공 행진파 침산문중"과 "파평윤씨 집의공 석사파 문중"이 원고로서 제소하고 있음이 일건기록상 분명한 바 과연 그렇다면 피고인이 횡령하였다는 이 사건 임야의 소유권자가 어느 문중인지 명확하지 않고 따라서 그 문중과 위 윤□수 간의 위탁관계를 확정할 수가 없는 터이므로 원심으로서는 이 임야의 소유권자를 심리확정하고 나아가 횡령죄에 있어서의 타인과의 위탁관계를 밝혔어야 할 것임에도 불구하고 이에 대하여 아무런 심리판단도 하지 아니한 채 "파평윤씨 공석사파 문중"소유라고 공소가 제기된 이 사건에서 이를 "파평윤씨 집의공 행진파 침산문중"의 소유로서 이를 위 윤□수 등 4명이 명의신탁 받았다고 판시한 원심조치는 필경 횡령죄 등의 법리를 오해하고 채증법칙에 위배하여 심리를 다하지 아니함으로써 사실을 오인하였다는 비난을 면치 못할 것이므로 이를 비의하는 상고논지는 그 이유가 있다고 할 것이다.

그러므로 나머지 상고이유에 대한 판단을 생략하여 원심판결을 파기하고 원심으로 하여금 다시 심리판단케 하기 위하여 사건을 대구지방법원 합의부에 환송하기로 관여법관의 의견이 일치하여 주문과 같이 판결한다.

[종중 명의신탁 횡령사건에서 공동선조 확정의 필요성] 피해자가 종중인 경우 횡령죄 성립의 전제요건/ 종중이 횡령죄의 피해자로 특정되기 위하여는 그 공동선조를 반드시 확정하여야 하는지 여부 / 대법원 1994. 9. 23 선고 93도919 판결 [특정경제범죄가중처벌등에관한법률위반(횡령)]

법원판단

상고이유를 본다.
1. 원심판결이유에 의하면, 원심은, 피고인들이 피해자 초계주씨정랑공파목천분파종중으로부터 충남 ○○군 ○○면 ○○리 산 64 임야 44,050m2를 명의신탁받아 공동 소유명의자로서 이를 관리 보관하던 중 1988.12.26.16:00경 이를 타인에게 매도함으로써 횡령하였다는 요지의 이 사건 공소사실에 대하여, **종중은 공동선조를 정하는 방법에 따라 다층적으로 성립할 수 있어 피해자인 종중을 특정하기 위하여는 그**

종중의 공동선조가 특정되어야 하고, 횡령죄는 피해자와 피고인들 사이에 위탁이라는 신입관계가 있어야 하므로, 피고인들을 횡령죄로 처단하기 위하여는 피해자인 위 종중의 공동선조를 확정하여 그 종중을 특정하고 이 사건 임야가 그 종중의 소유라는 점이 인정되어야 하며, 나아가 명의신탁 당시에 그 종중이 의사결정을 할 수 있는 정도의 조직을 갖추어 명의신탁이라는 위탁관계를 설정한 사실이 인정되어야 하는 것이라고 전제한 후, 검사는 공소장에서 피해자를 초계주씨정랑공파목천분파종중이라고 기재하고 공판과정에서 위 종중의 공동선조는 주택후라고 석명하고있으나, 그 거시의 증거에 의하여도 위 종중의 공동선조는 초계주씨 16세(17세의 오기로 보인다)인 설이라거나 21세인 기방 또는 23세인 택후라고 하는등 내용이 엇갈리고 있어 공동선조를 확정하는 방법으로 위 종중을 특정할 수도 없고, 그 종중이 명의신탁 당시 활동에 필요한 조직을 갖추고 피고인들과위탁관계를 설정하였다고 볼 수도 없으며, 그리고 이 사건 임야가 위 종중의 소유라고 볼 증거가 없음은 물론 검사가 석명한 주택후를 공동선조로 하는 종중의 소유라고 보기는 더욱 어려우므로, 결국 이사건 임야의 소유관계가 불명확하고 위탁신임관계도 확정할 수 없다는 이유로 무죄를 선고하였다.

2. **횡령죄는 위탁이라는 신입관계에 반하여 타인의 재물을 보관하는 자가이를 횡령하거나 또는 반환을 거부함으로써 성립하는 것이므로 피고인이 이 사건 임야를 횡령하였다고 인정하려면 피고인들과의 위탁관계가 있는 종중이 실재하여야 하고, 그 종중과의 사이에 위탁**

의라는 신임관계가 있어야 하는 것임은 원심이 설시한 바와 같다(당원 1983.4.12.선고 83도195판결 참조). 그러나, 종중은 원래 공동선조의 분묘수호, 제사봉행, 종원 상호간의 친목을 목적으로 하고 공동선조의 후손 중 성년의 남자를 종원으로 하여 구성되는종족의 자연발생적 집단이므로 그 성립을 위하여 특별한 조직행위를 필요로 하는 것이 아닌 바, 원심이 명백히 배척하지 아니한 주창종, 주관종의 각 진술과 초계주씨 세보의 기재 기타 기록상 나타난 자료에 의하면 일제시대 이전부터 충남 ○○군 ○○면일대에 연고를 둔 초계주씨 일족들이 이 사건 임야와 같은 리 산43의 1, 산45의 1, 산53의 1, 같은 면 지산리 산26 각 임야상에 선조들의 묘 수십기를 수호하고 매년 10.16.경이면 함께 모여 시제를 지내면서 종중재산의 관리 등 대소사를 논의해 왔는데, 시제를 올리는 가장 윗대선조는 17세(정랑공파 2세) 설이고 그 아래로 21세 기방, 23세 택후 등이 있으며, 현재 그 종원은 40여명에 이르고 이를 초계주씨정랑공파목천분파종중으로 부르고 있는 사실을 알 수 있으므로, 이에 의하면 위 종중은 이미 고유의 의미의 종중으로 성립하여 실재해왔다고 보아야 할 것이고, 이러한 종중의 실체와 활동에 비추어 특별한 사정이 없는 한 위 종중은 위탁행위가 있었다는 당시에도 시제시에 종원들의 결의 등을 통하여 종중 소유의 부동산을 관리하는 등 업무집행을 위한 조직을 갖추고 있었다고 볼 수 있을 것이다.

이와 같이 **피해자인 종중의 실체가 확인될 수 있는 이상, 피고인들의 종중으로부터 이 사건 임야를 명의신탁받았다는 사실 자체를 부인**

하고 있는 이 사건에서 피해자는 위 종중으로 특정될 수 있다고 보아야 할 것이고 위 종중의 공동선조를 반드시 확정하여야만 횡령죄의 피해자가 특정된다고 할 수는 없으며, 검사가 위 종중의 공동선조는 주택후라고 석명하였다 하더라도 법원으로서는 심리한 결과 공동선조를 바로잡을 수도 있다 할 것이다.

그러므로 원심이 횡령의 피해자를 특정할 수 없고 위탁관계를 확정할 수도없다고 판단한 것은 횡령죄의 법리를 오해하고 채증법칙에 위배하여 심리를 다하지 아니한 위법이 있다.

3. 이 사건 토지의 소유관계에 관하여, 원심이 명백히 배척하지 아니한 주창종, 주관종의 각 진술에 의하면 이 사건 임야는 오래전부터 선조들의 묘를 설치 관리해온 위 종중의 소유로서, 임야조사 당시 종손인 공소외 주재□의 명의로 사정을 받아 1929.3.26. 소유권보존등기가 경료되었는데, 위 주재□이 공소외 황상▽으로부터 금원을 차용하고 근저당권을 설정하자 종원들 중 형편이 나았던 주채♡이 이를 대신 변제하고 근저당권설정등기를 말소하였고, 이에 위 종중은 그 대신 종중 소유이던 위 지산리 산26 임야를 그에게 이전하여주는 한편 1929.5.17. 위 주재□이 다시는 이 사건 임야를 처분하지 못하도록 그중 6분의 5 지분을 위 주채♡, 주재◐, 주재■, 주태◆, 주재학의 명의로 이전함으로써 위 주재□과 더불어 6인의 공유로 등기하여 놓았고, 그후 임야소유권이전등기등에관한특별조치법이 시행되자 1971.11.19. 이미 사망한 소유명의자

들을 그 아들들 명의로 교체하여 등기함에 있어 반드시 그들의 장남으로 하지 않고 임야 가까이에 거주하는 차남들을 포함시키는 한편 주재학의 아들은 외지에 나가있어 명의자에서 제외하기로 하여 원심 공동피고인(사망) 주상▲, 피고인 주인▼, 주천@, 주기☆, 공소외 주재×의 5인 명의로 소유권이전등기를 경료하였고, 1973.4.9. 공소외 주재성이 문서를 위조하여 위 주상▲, 주인▼ 명의의 지분을 자신의 아들인 피고인 주흥◎에게로 이전하였다가 다툼이 생기자 1980.2.7. 종전 명의자 5인 및 위 주흥◎의 6인 균등지분으로 정리하였고, 1986.4.11. 위 주재×의 사망으로 그의 지분은 아들인 피고인 주◎종에게 상속등기가 이루어졌으며, 위 1971.11.19. 등기시에 명의자에서 누락된 위 주재학의 아들인 피고인 주시종이 명의자들을 상대로 지분이전등기소송을 제기하자 대부분의 명의자들이 청구를 인낙하여 1987.12.29. 최종적으로 피고인들(원심 공동피고인 주상▲ 포함) 전원의 공동소유명의로 등기가 이루어진 것이고, 따라서 이 사건 임야는 위 종중으로부터 피고인들에게 명의신탁되었다는 것이고, 위 신계리의 이장을 지낸 김흥◇, 이태□과 이 사건 임야를 관리한 황건성도 모두 이 사건 임야는 초계주씨종중의 소유라고 진술하고있으며, 이 사건 임야와 같은 리 산43의 1, 산45의 1, 산53의 1, 위 지산리 산26 각 임야의 등기부등본(공판기록 1377면 이하), 저당권등기 관계서류(수사기록 59면 이하), 1987.1. 작성된 일부 피고인들 명의의 위임장(수사기록 206면 이하)의 각 기재도 이에 부합하는바, 위 증거들과 이 사건 임야의 관리현황, 그 등기가 경료되어 온 과정 등에 비추어 보면 **이 사건 임야가 위 종중의 소유로서 피고인들에게 명의신탁된 것이**

라고 인정할 여지가 있다고 보여지므로, 원심으로서는 이 사건 임야의 소유권이 위 종중에 있었는지의 여부를 좀더 심리하여 확정하였어야 할 것임에도 아무런 합리적인 이유도 없이 이 사건임야가 종중의 소유로 설정된 경위에 관한 진술에 일관성이 없다는 이유만을 들어 이를 배척하고 말았음은 채증법칙을 위배하여 심리를 다하지 아니한 위법을 저지른 것이다.

4. 결국 원심판결은 횡령죄에 관한 법리를 오인하고 채증법칙을 위배하여 심리를 다하지 아니함으로써 판결에 영향을 미친 위법을 범하였으므로 파기를 면 할 수 없고, 이 점을 탓하는 상고논지는 이유가 있다.

[하나의 부동산에 대하여 횡령죄 성립 이후 재차 횡령죄 성립가능성] 타인의 부동산을 보관 중인 자가 그 부동산에 근저당권설정등기를 마침으로써 횡령행위가 기수에 이른 후 같은 부동산에 별개의 근저당권을 설정하거나 해당 부동산을 매각한 행위가 별도로 횡령죄를 구성하는지 여부(원칙적 적극) / 대법원 2013. 2. 21 선고 2010도10500 전원합의체 판결 [횡령]

판례해설

종중 토지와 관련하여 이를 보관하던 자가 근저당을 설정하였을 경우 근저당 설정 행위 역시 민법상 처분행위에 해당하기 때문에 기본적으로 횡령죄가 성립할 수 있다. 다만 이후 동일한 부동산을 매도하거나 또다른 근저당을 설정하였을 경우 과연 "별개"의 횡령죄가 성립되는지 여부이다. 이는 동일한 부동산이고 동일한 피해자이기 때문이다

대법원 다수의견은 근저당 설정 이후 별개의 근저당이나 매도 행위는 최초 처분행위와 전혀 다른 행위에 해당하기 때문에 별개의 횡령죄가 성립한다고 본다. 이에 대하여 반대 의견은 이미 성립된 횡령행위이기 때문에 별개로 성립될 수 없다는 의견을 제시하고 있는바 이에 대하여 어떤 의견이 타당한지 여부는 학자들의 영역이고 <u>실무에서는 별도의 횡령죄가 성립되는지 여부만 알아두면 충분하다고 할 것</u>이다.

법원판단

[1][다수의견] **(가)횡령죄는 다른 사람의 재물에 관한 소유권 등 본권을 보호법익으로 하고 법익침해의 위험이 있으면 침해의 결과가 발생되지 아니하더라도 성립하는 위험범**이다. 그리고 일단 특정한 처분행위(이를 '선행 처분행위'라 한다)로 인하여 법익침해의 위험이 발생함으로써 횡령죄가 기수에 이른 후 종국적인 법익침해의 결과가 발생하기 전에 새로운 처분행위(이를 '후행 처분행위'라 한다)가 이루어졌을 때, 후행 처분행위가 선행 처분행위에 의하여 발생한 위험을 현실적인 법익침해로 완성하는 수단에 불과하거나 그 과정에서 당연히 예상될 수 있는 것으로서 새로운 위험을 추가하는 것이 아니라면 후행 처분행위에 의해 발생한 위험은 선행 처분행위에 의하여 이미 성립된 횡령죄에 의해 평가된 위험에 포함되는 것이므로 후행 처분행위는 이른바 불가벌적 사후행위에 해당한다. 그러나 <u>후행 처분행위가 이를 넘어서서, 선행 처</u>

분행위로 예상할 수 없는 새로운 위험을 추가함으로써 법익침해에 대한 위험을 증가시키거나 선행 처분행위와는 무관한 방법으로 법익침해의 결과를 발생시키는 경우라면, 이는 선행 처분행위에 의하여 이미 성립된 횡령죄에 의해 평가된 위험의 범위를 벗어나는 것이므로 특별한 사정이 없는 한 별도로 횡령죄를 구성한다고 보아야 한다.

(나) 따라서 타인의 부동산을 보관 중인 자가 불법영득의사를 가지고 그 부동산에 근저당권설정등기를 경료함으로써 일단 횡령행위가 기수에 이르렀다 하더라도 그 후 같은 부동산에 별개의 근저당권을 설정하여 새로운 법익침해의 위험을 추가함으로써 법익침해의 위험을 증가시키거나 해당 부동산을 매각함으로써 기존의 근저당권과 관계없이 법익침해의 결과를 발생시켰다면, 이는 당초의 근저당권 실행을 위한 임의경매에 의한 매각 등 그 근저당권으로 인해 당연히 예상될 수 있는 범위를 넘어 새로운 법익침해의 위험을 추가시키거나 법익침해의 결과를 발생시킨 것이므로 특별한 사정이 없는 한 불가벌적 사후행위로 볼 수 없고, 별도로 횡령죄를 구성한다.

[대법관 이상훈, 대법관 김용덕의 별개의견](가)타인의 부동산에 근저당권을 설정하는 선행 횡령행위로 인하여 부동산 전체에 대한 소유권 침해의 위험이 발생함으로써 그에 대한 횡령죄가 성립하는 이상, 그 이후에 이루어진 당해 부동산에 대한 별개의 근저당권 설정행위나 당해 부동산의 매각행위 등의 후행 횡령행위는 이미 소유권 침해의 위험이 발생한 부동산 전체에 대하여 다시 소유권 침해의 위험을 발생시킨

것에 불과하므로, 특별한 사정이 없는 한 선행 횡령행위에 의하여 평가되어 버린 불가벌적사후행위로 보는 것이 논리상 자연스럽다.

(나) 선행 횡령행위로 발생한 소유권 침해의 위험이 미약하여 과도한 비용과 노력을 들이지 아니하고도 그 위험을 제거하거나 원상회복할 수 있는 상태에서 그보다 월등히 큰 위험을 초래하는 후행 횡령행위를 저지른 경우에는 그 행위의 반사회성이나 가벌성이 충분히 인정되고 일반인으로서도 그에 대한 처벌을 감수함이 마땅하다고 여길만하다. 이와 같은 경우에는 예외적으로 이를 불가벌적 사후행위로 볼 것이 아니라 처벌대상으로 삼을 필요가 있다. 기존의 판례를 변경하지 아니하고도 이러한 해석이 가능하고, 이러한 해석을 하려면 판례를 변경하여야 한다고 보더라도 그 범위 내에서만 제한적으로 변경함으로써 충분하다.

[대법관 이인복,대법관 김신의 반대의견](가)형법 제355조 제1항에서 규정한 횡령죄는 재물의 영득을 구성요건적 행위로 삼는다는 점에서 재산상의 이익을 대상으로 하는 같은 조 제2항의 배임죄와 구분되는데, 재물에 대한 불법영득의사는 피해자의 소유권 등 본권에 대한 전면적 침해를 본질적 내용으로 하므로 그러한 불법영득의사에 기한 횡령행위가 있을 경우 이미 그에 의한 법익침해의 결과나 위험은 그 소유권 등의 객체인 재물의 전체에 미친다고 볼 수밖에 없고,따라서 일단 위와 같은 횡령죄가 성립한 후에는 재물의 보관자에 의한 새로운 처분행위가 있다

고 하여 별도의 법익침해의 결과나 위험이 발생할 수 없음은 당연한 논리적 귀결이다.

(나) 타인의 부동산을 보관 중인 자가 그 부동산의 일부 재산상 가치를 신임관계에 반하여 유용하는 행위로서, 즉 배임행위로서 제3자에게 근저당권을 설정한 것이 아니라, 아예 해당 부동산을 재물로서 불법적으로 영득할 의사로,즉 횡령행위로서 근저당권을 설정한 것이라면, 이러한 횡령행위에 의한 법익침해의 결과나 위험은 그때 이미 위 부동산에 관한 소유권 전체에 미치게 되고, 이 경우 후행 처분행위에 의한 추가적 법익침해의 결과나 위험은 법논리상 불가능하다고 보아야 한다.

[2]피해자 甲종중으로부터 종중 소유의 토지를 명의신탁받아 보관 중이던 피고인乙이 자신의 개인 채무 변제에 사용할 돈을 차용하기 위해 위 토지에 근저당권을 설정하였는데,그 후 피고인 乙,丙이 공모하여 위 토지를 丁에게 매도한 사안에서,피고인들이 토지를 매도한 행위는 선행 근저당권설정행위 이후에 이루어진 것이어서 불가벌적 사후행위에 해당한다는 취지의 피고인들 주장을 배척하고 위 토지 매도행위가 별도의 횡령죄를 구성한다고 본 원심판단을 정당하다고 한 사례.

[명의신탁된 토지에 대한 배임죄 성립 가능성] 종중 소유이나 종원 5명의 공유로 명의신탁된 토지를 매도하는 계약의 이행 등 종중 사무를 총괄하는 피고인이 종중의 '유효한 결의'를 받지 못하였음에도 그 임무에 위배하여 등기이전을 거부하는 공유자들에게 매매대금 중 일부를 지급하여 재

산상 이익을 취득하게 하고 종중에 동액 상당의 재산상 손해를 가한 경우 배임죄 성부 / 대법원 2010. 9. 9 선고 2010도7380 판결 [특정경제범죄가중처벌등에관한법률위반(배임) 등]

판례해설

수탁받은 종중 토지를 임의로 매도한 경우에는 일단 횡령죄가 성립하지만 종중 토지를 관리하는 자가 임무에 위배하여 종중의 유효한 결의를 받지 못하였음에도 매도하고 그로 인하여 상대방에게 재산상 이득을 준 경우에는 업무상 횡령죄가 아니라 배임죄가 성립된다는 사례이다. 즉 자신의 명의로 수탁된 토지가 아니고 <u>단지 종중 사무를 처리하는 자들이었으므로 범죄 요건상 업무상 배임죄</u>가 성립하였다.

법원판단

1. 피고인의 상고이유에 대한 판단

원심은 그 판시와 같은 사정들을 종합하여, 이 사건 토지는 보성오씨 미산파 종중(이하 '미산파 종중'이라 한다)의 소유로서 등기명의인인 공소외 1, 2, 3, 4, 5 앞으로 명의신탁된 것으로 보이고, 미산파 종중의 총회결의를 대신하여 임원회의에서 공유자들에게 이 사건 매매대금을 분배하기로 하는 유효한 결의가 있었다고 보기는 어렵다고 판단하여, 피고인에 대한 특정경제범죄 가중처벌 등에 관한 법률 위반(배임) 공소사실을 유죄로 인정하였다.

원심판결 이유를 기록에 비추어 살펴보면, 원심의 위와 같은 판단은 정당한 것으로 수긍할 수 있다.

원심판결에는 이 부분 상고이유 주장과 같이 채증법칙을 위반하거나 배임죄에 관한 법리를 오해하는 등의 위법이 없다.

2. 검사의 상고이유에 대한 판단

「형법」제357조 제1항이 규정하는 배임수재죄는 타인의 사무를 처리하는 자가 그 임무에 관하여 부정한 청탁을 받고 재물 또는 재산상 이익을 취득하는 경우에 성립하는 범죄로서 재물 또는 이익을 공여하는 사람과 취득하는 사람 사이에 부정한 청탁이 개재되지 않는 한 성립하지 않는다고 할 것인데, '부정한 청탁'에 해당하는지 여부를 판단함에 있어서는 청탁의 내용 및 이에 관련한 대가의 액수, 형식, 보호법익인 거래의 청렴성 등을 종합적으로 고찰하여야 한다 (대법원 2008. 12. 11. 선고 2008도6987 판결 등 참조).

원심은, 이 부분 공소사실에서 '부정한 청탁'으로 적시된 내용은 '종중에 지급한 매매대금에서 일부라도 공유자들에게 지급하더라도 공유자들로부터 조속히 소유권 이전에 필요한 모든 서류를 하자 없이 받아 달라'는 것으로서, 이는 공소외 6이 피고인에게 미산파 종중의 총유에 속하여 균등하게 배분되어야 할 이 사건 토지의 매매대금 중 일부를 종중회의의 결의 없이 일부 종원들에게 지급하도록 종용하였다는 의미를 내포한다고 할 것인데, 제1심이 적법하게 채택·조사한 증거들에 의하여 인정되는 그 판시 사실에 의하면, 공소외 6이 피고인에게 매매대금 이외에 보상금 명목의 금원을 별도로 지급하게 된 동기는 피고인으로부터 소유권 이전에 협력하지 않는 공유자들을 설득하여 등기에 필요한 서류를 교부받아 줄 테니 수고비를 달라는 취지의 요구를 받고 당시 현대건설주식회사(이하 '현대건설'이라고 한다)의 입장에서는 그렇게 될 수 있다면 매매대금과는 별도의 돈을 더 주더라도 소송을 통하지 않고 신속하게 소유권이전등기에 필요한 서류를 받을 수 있어 이익이 된다고 판단하여 피고인의 요구에 응한 것에 불과하고, 그 과정에서 공소외 6이 피고인에게 매매대금의 일부를 공유자들에게 주더라도 소유권이전등기절차를 조속히 이행하여 달라는 부탁을 하게 된 경위 역시 당시 종중의 임원으로부터 종중에서 등기에 필요한 서류를 교부받기 위하여 공유자들에게 이 사건 매매대금의 일부를 나누어 주기로 하는 결의를 하고 있다는 이야기를 들은 바가 있어 그러한 절차를 거쳐 공유자들에게 매매대금의 일부를 빨리 주더라도 현대건설에 소유권이전등기 절차를 조속히 이행하여 달라는 취지로 부탁한 것이므로, 단순히 공소외 6이 피고인에게 이 사건 토지의 매매대금 중 일부를 종중회의의 결의 없이 일부 종원들에게 지급하도록 종용하였다고 볼 수는 없어, 공소외 6이 피고인에게 부정한 청탁을 하고 피고인이 그 대가로 현대건설로부터 보상금 명목의 금원을 받은 것이라고 보기 어렵다고 판단하여, 피고인에 대한 배임수재 공소사실을 무죄로 인정하였다.

원심판결 이유를 앞서 본 법리 및 기록에 비추어 살펴보면, 원심의 위와 같은 사실인정 및 판단은 정당한 것으로 수긍할 수 있다.

원심판결에는 이 부분 상고이유 주장과 같이 채증법칙을 위반하거나 배임수재죄에 있어서의 '부정한 청탁'에 관한 법리를 오해하는 등의 위법이 없다.

한편, 검사는 원심판결 중 피고인에 대한 배임수재의 점을 제외한 나머지 부분에 대하여도 불복한다는 취지의 상고장을 제출하였음에도 상고장이나 상고이유서에서 그 부분에 관한 상고이유를 기재하고 있지 아니하므로, 이 부분에 대한 상고는 이유 없다.

종중 및 관계자들을 위한
종중 총회 그리고
종중 명의신탁
민사·형사 사례 정리

초판 발행 2022년 12월 16일

지 은 이   권형필
디 자 인   이나영
발 행 처   주식회사 필통북스
출판등록   제2019-000085호
주   소   서울특별시 관악구 신림로59길 23, 1201호(신림동)
전   화   1544-1967
팩   스   02-6499-0839
homepage http://www.feeltongbooks.com/

ISBN   979-11-6792-073-7 [03360]

ⓒ 권형필, 2022

정가 20,000

지혜와지식은 교육미디어그룹
도서기획 필통북스의 인문서적 임프린트입니다.

| 이 책은 저자와의 협의 하에 인지를 생략합니다.
| 이 책은 저작권법에 의해 보호를 받는 저작물이므로
   주식회사 필통북스의 허락 없는 무단전제 및 복제를 금합니다.
| 잘못된 책은 바꾸어 드립니다.